« Tout vous a été confié… »

J.-Robert OUIMET

« Tout vous a été confié... »

Entretiens avec Yves SEMEN

Préface de Jacques Lamarre

PRESSES
DE LA
RENAISSANCE

Ouvrage réalisé
sous la direction éditoriale d'Alain NOËL

Si vous souhaitez être tenu(e)
au courant de nos publications,
envoyez vos nom et adresse, en citant ce livre,
aux Éditions des Presses de la Renaissance,
11, rue de Grenelle, 75007 Paris.
Et, pour le Canada,
à Interforum Canada inc.,
1055, bd René-Lévesque Est,
11ᵉ étage, bureau 1100,
H2L 4S5 Montréal, Québec.

Consultez notre site Internet :
www.presses-renaissance.com

ISBN 978.2.7509.0449.4

Préface

Le témoignage que livre J.-Robert Ouimet au cours des entrevues présentées dans cet ouvrage par M. Yves Semen est fascinant et percutant. Les chefs d'entreprise sont à un moment ou un autre confrontés aux dilemmes et aux questionnements que décrit J.-Robert.

Comme il le souligne, un chef d'entreprise éprouve souvent de la culpabilité à l'égard de son aisance matérielle face à d'autres êtres humains qui vivent dans des conditions à l'opposé des siennes. Il écrit à ce sujet : « Pourquoi habites-tu une maison immense sur une colline en face d'un parc ? Il n'y a aucune raison pour que tu habites sur la colline et pas eux. »

Plusieurs chefs d'entreprise cherchent des solutions à cette culpabilité, solutions qui varient selon la nature des personnes, l'endroit où elles vivent et leur environnement. Certains d'entre eux font des dons généreux à des organismes de charité et d'enseignement. Robert, fort de ses convictions chrétiennes, décide, en plus de faire cela, que ce qu'il a est un prêt et « qu'il doit gérer ce que le Seigneur lui a prêté à Sa façon, avec Lui » pour assurer la rentabilité de son entreprise et le bien-être au travail de son personnel. J'admire la couleur spirituelle que Robert a donnée à son modèle de gestion. Chacun choisit sa propre couleur mais, fondamentalement, il n'y a pas une si grande différence.

J'ai rencontré Robert il y a plus de trente ans. Je sais que ses convictions et son engagement sont sans relâche. Ce dont il témoigne dans ses entrevues et ses différentes publications, ainsi qu'au cours de plus de cent soixante-dix conférences publiques qu'il a prononcées en Amérique du Nord, en Europe, au Moyen-Orient et en Asie sur sa thèse de doctorat, est authentique et reflète bien l'homme que je connais.

Jacques LAMARRE

Introduction

Entre Fribourg et Genève

C'était un soir à la fin d'octobre 2005. Nous roulions en voiture sur l'autoroute entre Fribourg et Genève. Je raccompagnais J.-Robert Ouimet à son avion après deux jours de séminaire donné à nos étudiants de l'Institut Philanthropos sur les valeurs humaines et la spiritualité dans le management. Une intervention comme il en a déjà fait plus de cent soixante-dix sur trois continents dans de nombreuses grandes écoles et universités de management et à différents groupes de chefs d'entreprise et de dirigeants. Et pourtant, il était évident que J.-Robert Ouimet avait vécu durant ces deux jours une expérience inhabituelle qui n'avait pas fini de le bouleverser. Avec son bon accent et sa savoureuse truculence canadienne, il me fait cet aveu : « C'est la première fois, je vous le jure, que je n'ai pas mis de frein à ce que je disais. La première fois que j'ai pu tout dire… Jamais je n'ai pu aller aussi loin dans l'exposé de ce que, à la suite de mon père, nous essayons de vivre dans l'entreprise depuis près de soixante-quinze ans. C'est la première fois… » Il est vrai que Philanthropos ne fait pas de mystère de son identité d'institut d'anthropologie chrétienne, que les journées y commencent habituellement par l'eucharistie et que ses étudiants, qui viennent de toute l'Europe consacrer une année de leur vie à approfondir la vérité intégrale sur l'Homme, constituent un public particulier. Dans un monde marqué par le sécularisme, cela peut surprendre certains de nos intervenants… Je le laissais discrètement à son émotion – il était au bord des larmes – et à sa méditation que je devinais être une action de grâce silencieuse, impressionné par cet homme qui dégage à la fois une grande force et en même temps une forme étrange de vulnérabilité… Après quelques instants de silence, J.-Robert reprend : « Vos jeunes sont exceptionnels. Ils sont vraiment de la génération de Jean-Paul le Grand ! Ils n'ont pas peur et ne mettent pas de barrière au spirituel. Quelle espérance ! Et quel privilège pour moi d'avoir pu partager ces deux jours avec eux ! » Alors je hasardais une question un peu délicate : « Robert, vous avez souvent parlé à des chefs d'entreprise, parmi lesquels beaucoup de chrétiens, de tout ce que vous avez expérimenté avec succès dans votre entreprise pour concilier l'épanouissement des personnes et la rentabilité économique, combien d'entre eux avez-vous réussi à convaincre de vous imiter dans le pari que vous avez fait ? » La réponse ne s'est pas fait attendre, nette et douloureuse à la fois : « C'est bien simple et pas difficile à retenir : aucun, pas un seul ! » Et, devant mon étonnement : « C'est clair : les chefs d'entreprise considèrent que les valeurs spirituelles n'ont pas de place dans l'entreprise ni de rôle à jouer dans le management. » C'est de cette réflexion qu'est parti le projet de ce livre.

J.-Robert Ouimet est chef d'entreprise depuis plus de quarante-cinq ans. Un chef d'entreprise qui réussit dans un secteur d'activité très concurrentiel de la production de biens de grande consommation – les plats cuisinés surgelés et en conserve stérile. C'est une condition qu'il partage avec beaucoup de chefs d'entreprise de par le monde. Il est également docteur en sciences économiques et sociales. Là encore, rien de tout à fait exceptionnel : beaucoup de chefs d'entreprise attestent des plus hauts grades universitaires. Ce qui est moins banal, c'est que sa thèse de doctorat – qu'il a soutenue à l'âge de soixante-trois ans, après plus de neuf années de labeur acharné – porte sur une expérience de management audacieuse menée durant plus de quarante ans dans son entreprise afin de mettre au point des outils de management humain susceptibles de conjuguer la performance économique et le bien-être au travail du personnel. Les succès que rencontrent ses entreprises de l'industrie agro-alimentaire au Canada – Ouimet-Cordon Bleu, Ouimet-Tomasso, groupe fondé en 1933 – sont incontestables sur ces deux plans : rentabilité, épanouissement des hommes et des femmes au travail. Ce projet de management – Notre Projet, comme il est appelé dans les entreprises du groupe Ouimet – est totalement novateur et en même temps il repose sur l'engagement chrétien sans limite ni réserve d'un chef d'entreprise qui ne croit pas aux demi-mesures. J.-Robert Ouimet est un homme unifié. Il ne met pas d'un côté ses convictions chrétiennes et de l'autre sa mission de chef d'entreprise. Bien au contraire, il accomplit cette dernière au nom de ses convictions chrétiennes et le revendique. Mais cette unification, d'abord en lui-même et ensuite dans le management de son entreprise, est le fruit – jamais définitivement acquis, toujours à réajuster – d'un long et exigeant travail. S'il a réussi à mettre en place un management qui rend tout simplement les gens davantage heureux, c'est parce que ce management est au service de l'unité de la personne humaine. Cette unité, J.-Robert Ouimet l'a d'abord faite en lui-même et c'est ce qui séduit en lui, tant il est vrai qu'il est rare de trouver des personnes réellement unifiées. Et c'est de l'unité intérieure de cet homme – péniblement conquise – qu'émane l'œuvre d'unification que permet le management original qu'il a expérimenté et mis en place dans ses entreprises, un management qui permet aux personnes de vivre dans leur milieu de travail d'authentiques valeurs d'humanisation et de spiritualisation et qui se veut une application concrète des principes de la doctrine sociale de l'Église.

C'est donc le témoignage de l'œuvre d'une vie que ce livre veut simplement donner. Le témoignage de la vie d'un homme qui, tout en reconnaissant ses limites, a toujours désiré se donner davantage à l'Amour et qui a permis ainsi à quelques milliers d'hommes et de femmes d'atteindre à un véritable épanouissement humain à travers leur activité laborieuse quotidienne et tout ordinaire. Une œuvre à la fois très humble et magnifique.

Pour ma part, je me suis senti appelé à aider – très modestement, comme un simple médiateur de plume – à faire mieux connaître ce à quoi J.-Robert Ouimet s'est consacré sa vie durant et qui mérite de faire école. Ancien dirigeant d'une école supérieure de management française, ayant enseigné pendant de nombreuses années la doctrine sociale de l'Église, intervenant régulièrement pour des entreprises comme conférencier et formateur en éthique sociale et des affaires, ce chef d'entreprise comme il en est peu m'a profondément touché comme un témoin exceptionnel d'un combat mené chaque jour contre vents et marées pour concilier du mieux possible ce qui semble à beaucoup inconciliable : la recherche légitime du profit et le souci des hommes et des femmes au travail. J'ai donc lu et étudié la thèse de doctorat de J.-Robert Ouimet –

plus de 1 500 pages qui ne sont pas d'un accès facile…
Je l'ai écouté aussi, et interrogé, longuement. Mais pas
seulement. Je suis également allé voir sur place à
Montréal les entreprises de son groupe. J'ai rencontré
certains des membres du conseil d'administration, ses
managers et plusieurs membres de son personnel,
jusqu'à ceux qui occupaient les postes les plus
humbles, afin de constater *de visu* l'adéquation entre
le discours et le vécu réel. De cela aujourd'hui
j'atteste : J.-Robert Ouimet est un chef d'entreprise qui
a réussi à mettre en œuvre concrètement ce que
l'Église enseigne depuis plus d'un siècle à travers les
encycliques sociales des souverains pontifes. Cet enseignement séculaire, qui place en son cœur l'impératif
du respect de la dignité de la personne humaine dans
sa nécessaire activité laborieuse, a été ordonné et réca-
pitulé dans le *Compendium* de la Doctrine sociale
publié par le Conseil pontifical Justice et Paix en 2005.
Beaucoup de chefs d'entreprise chrétiens en connaissent l'existence. Mais nombreux sont ceux qui s'inter-
rogent sur sa validité opérationnelle et plus nombreux
encore ceux qui cèdent à la résignation devant les
contraintes que font peser sur les entreprises un environnement de plus en plus concurrentiel et impitoyable. C'est ce qui fait tout l'intérêt de ce à quoi se
dévoue depuis plus de quarante-cinq ans J.-Robert
Ouimet avec ses entreprises : il montre – mieux, il
prouve scientifiquement – qu'il est possible de mettre
en œuvre concrètement et au quotidien l'enseignement
de l'Église, dans un très grand climat de respect de la
liberté des personnes, et que cela est parfaitement
compatible avec une légitime et nécessaire recherche
de profit et de rentabilité. À une condition cependant :
celle de faire le choix radical de son appartenance et
de ne pas craindre d'affirmer son identité chrétienne.
Plus encore : de faire une totale confiance à Jésus-
Christ pour, comme le dit J.-Robert Ouimet,

« manager avec lui, à sa manière, l'entreprise qui est son entreprise ».

Oui, le temps n'est plus à la demi-mesure ni aux discours philanthropiques bien intentionnés. C'est cela qu'incarne J.-Robert Ouimet à travers le combat de sa vie : le chef d'entreprise chrétien qui se sait profondément fragile mais qui tente d'être cohérent avec sa foi n'a aujourd'hui plus le choix de la demi-teinte, de la demi-mesure, du « compromis mondain ». Il ne peut que décider de progresser chaque jour, avec le Christ, vers l'idéal de la sainteté. C'est ce que j'ai trouvé chez J.-Robert Ouimet. Ce que j'ai constaté des fruits de son témoignage et de son enseignement auprès de mes étudiants me l'a prouvé. Ce que j'ai vu dans ses entreprises me l'a confirmé. Et de cela je témoigne simplement dans ces entretiens : j'ai rencontré un chef d'entreprise radicalement chrétien, c'est-à-dire chrétien jusqu'à la racine de son être, depuis qu'un jour d'avril 1983, il a décidé de venir, vaille que vaille, recevoir chaque jour au plus intime de lui-même son Dieu livré dans l'eucharistie.

Ce livre aura atteint son but s'il parvient à convaincre quelques décideurs qu'aucun domaine, même les plus risqués et les plus marqués par l'esprit du monde, n'est interdit aux vrais disciples du Christ. Mieux, que c'est par priorité dans ces domaines qu'ils sont appelés à apporter la lumière pour peu qu'ils s'essaient à être aussi fidèles que possible à Celui avec qui et en qui ils peuvent tout.

Yves SEMEN

1

Mère Teresa

Commencer un livre d'entretiens avec un chef d'entreprise par l'évocation de la figure de Mère Teresa de Calcutta pourra étonner ! Et pourtant, tout improbable qu'elle fût, c'est bien la rencontre de J.-Robert Ouimet avec la fondatrice des Missionnaires de la Charité qui a constitué le point de basculement majeur dans toute sa vie d'homme, d'époux, de père de famille et de chef d'entreprise.

La question de toute une vie

Depuis son tout jeune âge, J.-Robert Ouimet portait au plus profond de lui-même une question lancinante, obsédante, récurrente et même culpabilisante liée à sa condition de « privilégié ». Privilégié par sa situation d'aisance financière due aux succès entrepreneuriaux de son père, fondateur des entreprises Ouimet ; privilégié également par ses dons intellectuels qui l'ont conduit à faire de brillantes études – HEC Montréal, les universités de Fribourg et de Columbia – jusqu'à obtenir un doctorat en sciences économiques et socia-

15

les de l'université de Fribourg ; privilégié encore par le fait que jamais il n'a connu de doute profond dans sa vie de foi et de chrétien. Une sorte de gêne, peut-être même une forme de mauvaise conscience, à tout le moins une profonde interrogation, qui le renvoie invariablement à la même parabole de l'Évangile.

« Aussi loin que ma mémoire puisse fonctionner, j'ai toujours été obsédé, culpabilisé par la richesse. Non seulement par la richesse matérielle, mais aussi par la richesse morale, la richesse spirituelle. Depuis le plus loin que je me souvienne, j'ai toujours été habité par la parabole des Talents : "Qu'as-tu fait avec les dons que je t'ai prêtés ?" Et à mesure que le temps s'écoulait et que je voyais s'accroître cette masse de privilèges nouveaux, je me demandais toujours : "Mais où est-ce, mon Dieu, que cela va me mener ? Comment vais-je pouvoir répondre à la parabole des Talents ?" Lorsque je suis arrivé aux HEC, à l'âge de 18 ans, j'ai tellement souvent vu des humains errer dans le parc alentour, des gens de la rue, comme on dit. Ces humains-là m'interpellaient face à mes privilèges, et je me demandais déjà : "Pourquoi ne suis-je pas à leur place et eux à la mienne ?" De même lorsque je travaillais comme ouvrier à l'usine l'été, ce qui a été une occasion de joies intenses, je me demandais : "Pourquoi habites-tu une maison immense sur une colline, en face d'un parc ? Il n'y a aucune raison pour que tu habites là et pas les autres". Je me sentais toujours plus à l'aise avec ceux qui avaient moins que moi. Je ne faisais pour cela aucun effort et il n'y avait là aucune hypocrisie de ma part. C'était presque égoïste ! Je n'avais pas de mérite, ce n'était pas un effort de charité. D'une certaine manière j'ai toujours su dans mon cœur que peu de personnes parmi celles que je connais ont été aussi comblées que moi, d'une façon que je qualifierais presque d'injuste ! C'est pour cela que la parabole des Talents a toujours résonné dans mon cœur : "Qu'as-tu fait, Ouimet, avec les dons que Je t'ai donnés ?" Ceci mène naturellement à la première des rencontres avec Mère Teresa qui sera suivie de plusieurs autres et d'un certain nombre d'échanges de correspondance. »

C'est cette question de fond, de nature quasi métaphysique, qui conduit J.-Robert Ouimet à vouloir rencontrer ce témoin majeur de notre temps qu'a été la bienheureuse Mère Teresa de Calcutta. Pourquoi elle ? Cela demeure finalement un peu mystérieux. Une intuition, une évidence, attachée au fait qu'elle avait le choix du service radical des plus pauvres, ces pauvres auxquels le cœur de J.-Robert Ouimet avait toujours été particulièrement sensible, alors même qu'il avoue que la pauvreté – en particulier matérielle – l'effraye.

« Son sourire, sa joie m'ont toujours frappé. Et aussi son contact avec les plus fragiles des êtres humains. Je trouvais qu'elle aimait précisément les gens que j'essayais d'aimer de mon mieux, les gens les plus fragiles. Qu'elle le faisait vraiment dans la plus grande pauvreté de sa propre vie personnelle, ce que moi je n'ai jamais fait au plan matériel. Je me sentais vraiment poussé, comme viscéralement, à lui poser la fameuse question, qui m'habitait depuis que j'étais tout petit, celle de la parabole des Talents : "Pourquoi moi et pas un autre ?" Cette question, je ne voulais la poser à personne d'autre. J'étais tout simplement convaincu qu'elle était en mesure de me donner la réponse que je cherchais. Je me disais : "Elle s'occupe des plus pauvres parmi les pauvres ; elle doit donc avoir des réponses que d'autres ne sont pas capables de donner". »

Trois demandes pour une rencontre

Sans douter de quoi que ce soit, avec cette détermination et ce côté « fonceur » qui le caractérisent, il lui écrit donc une lettre dans laquelle il lui dit qui il est, ce qu'il fait, ce qu'a été son parcours, quelle est sa situation actuelle. Il termine par trois requêtes :

« Dans la longue lettre que je lui ai envoyée, je lui ai demandé trois choses, et dans l'ordre que j'énumère : la première, c'était de pouvoir participer à l'eucharistie des sœurs, leur eucharistie quotidienne, à Calcutta, dans leur couvent central ; la deuxième, c'était de pouvoir visiter, avec l'une ou l'autre des sœurs, les principales œuvres qu'elles ont en charge à Calcutta ; et, en troisième position seulement, si Mère Teresa est là, de pouvoir parler brièvement avec elle seule car j'avais une seule question à lui poser. Mais cette dernière requête, en troisième position seulement. C'était comme cela que je le voulais, et c'était la priorité que j'y accordais. Je n'ai pas reçu de réponse immédiate. Mais deux mois et demi plus tard, je reçois à Montréal une lettre qui avait été envoyée par… bateau ! J'étais déjà à Tokyo et, bien qu'encore sans réponse à ma lettre, je prévoyais de passer par Calcutta. Ma secrétaire m'a lu la réponse : "N° 1 : elles vous l'accordent ; vous pouvez aller à l'eucharistie tous les jours avec les sœurs. N° 2 : visiter l'œuvre avec une sœur, vous pouvez y aller. N° 3 : Mère Teresa ne sera pas là." Je demande à ma secrétaire d'envoyer sur l'heure un télégramme à peu près en ces termes : "J'arrive ! N° 1 : merci. N° 2 : merci. Mother ne sera pas là, mais j'arrive pareil !" »

J.-Robert Ouimet arrive donc à Calcutta, en pleine nuit, depuis Tokyo. L'énorme 747 survole la ville d'où ne provient pratiquement aucune lumière – pauvreté oblige, et malgré ses quelque quinze millions d'habitants, Calcutta est plongée la nuit dans les ténèbres – et débarque à deux heures du matin dans un aéroport quasi désert. Le chauffeur qu'il avait pris la précaution de dépêcher à son accueil le conduit à un hôtel confortable et reçoit l'ordre de venir le chercher… trois heures plus tard afin de lui permettre de participer à la messe au couvent des sœurs de la Charité prévue à six heures du matin.

« Dans le bruit horrifiant qui règne à Calcutta dès les premières heures du jour, traversant cette ville dont les rues grouillantes de monde sont défoncées et où règne une pollution abominable, j'arrive au couvent : un vrai îlot de paix… Il y avait déjà deux cents sœurs – moyenne d'âge 30 ans – qui étaient là en prière, avant l'eucharistie. Je m'installe. Elles étaient toutes assises par terre, sans souliers. J'enlève les miens, comme tout le monde fait en Orient quand on entre dans un endroit sacré. La messe commence. C'était phénoménal ! C'était vraiment très beau. J'étais simplement heureux… Arrive la communion. Et c'est seulement alors que je la vois, lorsqu'elle se lève pour aller communier. On m'avait pourtant bien dit qu'elle serait absente ! Alors, j'ai vraiment tremblé, de joie et de surprise. Je suis allé à la communion et à la fin de la messe, je reste dans la chapelle pendant une dizaine de minutes. Tout le monde était parti. Puis, je descends dans la salle d'attente et là je décide en moi-même : "Je ne fais rien. J'attends ! Je ne demande rien. J'attends !" Une demi-heure plus tard, une superbe petite sœur missionnaire de la Charité s'approche de moi : *"Are you Mr. Ouimet ? Mother Teresa would like to see you !"* Elle me fait entrer dans un petit salon de réception équipé d'un ventilateur au plafond – le seul endroit du couvent à en être équipé, à part la sacristie. J'attends là, près d'une table bien ordinaire, recouverte d'une nappe en plastique. Tout à coup, elle arrive. Cette petite femme, toute tordue, avec son sourire extraordinaire ! Elle me dit : *"You wanted to see me ?"* J'ai dit : *"Yes !"* Elle ajoute : *"In different letters you told me that you had one question to ask."* J'ai répondu : *"Yes."* Puis, je suis allé droit au but… »

« Vous ne pouvez pas donner tout ce que vous avez. Cela ne vous a été que prêté. »

C'est là que prend place un dialogue que J.-Robert Ouimet peine toujours à rapporter sans émotion, bien qu'il date de près de vingt-cinq ans et qu'il l'ait rapporté des dizaines de fois au cours de ses nombreuses conférences-témoignages à travers le monde. Un dialogue quelque peu surréaliste tant il semble étranger à cette rationalité que l'on attend comme naturellement de la part d'un chef d'entreprise jouissant d'une confortable aisance matérielle et responsable de plusieurs centaines d'employés. Sans préambule, sans précautions oratoires, sans détours, avec cette radicalité, ce sens de l'absolu et du définitif, ce refus des demi-mesures et des atermoiements qui composent les traits saillants de son caractère, J.-Robert Ouimet lance sa fameuse question :

« Je lui ai simplement dit : *"I have one question to ask you: should I give everything I have, Mother ?"* – J'ai seulement une question à vous poser : "Est-ce que je dois donner tout ce que j'ai, Mother ?" Elle m'a répondu très clairement : "Vous ne pouvez rien donner, rien n'est à vous ! Cela vous a été prêté. Cependant, si vous le voulez, vous pouvez tenter de gérer ce que le Seigneur vous a prêté à sa façon, avec Lui. Et si vous voulez tenter cela, vous devez suivre sa hiérarchie d'Amour dans votre vie. Vous êtes marié ; je ne le suis pas. Alors, si vous voulez suivre dans votre vie de marié sa hiérarchie d'amour et gérer ce qu'Il vous a prêté, vous devez avoir comme première priorité dans toute votre vie votre épouse, qui d'ailleurs n'est pas à vous ; elle vous est prêtée par le Seigneur. Et après votre épouse, ce sont vos quatre enfants, qui ne sont pas à vous et qui ne vous sont que prêtés ! Et après vos quatre enfants, ce sont les hommes et les femmes avec lesquels vous travaillez. Ces personnes vous sont également prêtées et vous aurez à en rendre compte !" Elle n'a même pas parlé de la communauté, de la ville, de la province ou du pays mais "des hommes et des femmes avec lesquels vous travaillez" – à l'époque à peu près quatre cents personnes. "Et lentement, très lentement, a-t-elle poursuivi, vous élargissez son cercle de l'Amour, parce que plus loin vous allez et plus c'est facile d'aimer." Cela me convenait parfaitement ! J'avais ma réponse, celle que je cherchais depuis que j'étais tout petit, depuis que je voyais que mon père développait son entreprise et que je devenais chaque jour davantage, aux yeux de tous, un peu plus riche matériellement ! De la parabole des Talents, j'avais enfin une vision plus claire ! "Prêté", tout était dans ce mot : "Vous ne pouvez pas le donner, cela n'a jamais été à vous ; cela vous a été prêté." C'était le sens de ma question : "Dois-je donner tout ce que j'ai ?" Mais si elle m'avait dit de tout donner, je serais revenu à Montréal et je l'aurais fait ! Il n'y a aucun doute ! Peut-être l'avait-elle deviné… »

C'est finalement une vraie révolution que lui propose Mère Teresa. Non pas celle qui consisterait à tout abandonner, à renoncer à ses responsabilités de chef d'entreprise, à son aisance matérielle… Mais une révolution au sens étymologique du terme, c'est-à-dire un retournement de perspective : elle bouleversait radicalement les priorités de son programme de vie – "Votre femme, vos enfants, les humains avec lesquels vous travaillez" – et cela au nom d'un seul impératif, celui de la hiérarchie de l'amour du Christ. Car, pour prétendre être vrai, l'amour doit accepter d'être ordonné et l'ordre auquel il doit obéir n'est pas celui de la logique du monde. Selon cette dernière, quoi de plus normal que d'investir l'essentiel de ses forces au service du plus grand nombre ? Quoi de plus honorable qu'un chef d'entreprise tout dévoué à ses responsabilités économiques et sociales jusqu'à y sacrifier tous ses temps libres et la qualité de sa vie de famille ? Les honneurs du monde ne sont-ils pas précisément décernés à ceux dont la vie atteste de tels sacrifices ? Mais la logique du royaume n'est pas celle du monde…

« Au mois d'avril 1983, mon épouse Myriam était très très loin dans la liste de mes priorités et les quatre enfants arrivaient bien après elle ! En revanche ceux avec qui je travaillais étaient plutôt en première position. Mon affaire était tout à l'envers ! »

En réalité, elle était tout simplement remise à l'endroit... L'essentiel était dit. Mère Teresa lui propose alors de l'accompagner pour visiter, comme il en avait exprimé le souhait, quelques-unes des œuvres des Missionnaires de la Charité. Ils commencent ainsi par la maison des mourants, celle que faisait toujours visiter en premier Mère Teresa car c'était la première maison qu'elle avait fondée à Calcutta : un « mouroir » destiné à accueillir pour leurs derniers moments ceux qui n'ont que la rue pour demeure...

« Alors, j'ai vu cette femme – de mes yeux vu – qui embrassait ces mourants devant moi. Elle les embrassait, puis elle les serrait fort... Ce n'était pas du spectacle ; c'était de l'amour authentique ! Et j'ai vu les regards de ces humains-là, dans ses yeux à elle, des regards indicibles. La plupart étaient hindous ou musulmans ; elle était catholique. Mais l'amour transcendait toutes les différences. »

Puis c'est la visite chez les lépreux. Paradoxalement une expérience terriblement éprouvante mais de toute beauté : ces hommes et ces femmes à qui il manque parfois un bout de visage, dont les membres se réduisent souvent à des moignons informes et purulents et qui, malgré tout, s'attellent à une modeste activité de tissage afin, dans un dernier sursaut de dignité, de contribuer aux charges de leur existence. À trois reprises J.-Robert Ouimet accompagnera Mère Teresa dans sa visite aux lépreux ; à chaque fois il devra s'avouer incapable d'achever la visite tellement il était ébranlé, ému... Puis la maison des handicapés, immense maison abritant plusieurs centaines de personnes gravement privées de leur autonomie.

« Toujours la même chose, les embrassades, l'amour qui se promène, l'accueil authentique du Christ que je voyais, comme elle le dit, *"In live action !"* Je l'avais concrètement devant moi. Et ses sœurs faisaient la même chose. Aucune artificialité, aucune condescendance, aucun prosélytisme. Elles n'essayaient pas de les convertir. Elles les aimaient. Cela respirait l'amour. C'était fantastique ! »

Suit la visite à la maison des prisonnières, cette maison dans laquelle l'État indien avait autorisé les Missionnaires de la Charité à accueillir des femmes condamnées à la prison à vie pour tenter de les réhabiliter socialement sans aucune intervention ni implication des forces policières. Belle preuve de confiance de la part du ministère de la Justice, dont le bien fondé a été confirmé par le fait que jamais aucune évasion n'a été constatée. Et pourtant, pas d'autres gardiennes dans la maison que les sœurs de Mère Teresa !

« Là j'ai vraiment eu peur, comme jamais je n'ai eu peur dans tous les endroits dans lesquels je suis allé avec Mère Teresa. Je me dissimulais derrière les sœurs ! Ces femmes qui avaient commis des meurtres ou les pires atrocités et qui le portaient sur leurs visages me faisaient tout simplement peur. Je faisais l'expérience de ma fragilité… »

La tournée de visites s'achève avec le centre des tout petits enfants de la rue, ces enfants abandonnés, souvent ramassés dans les poubelles de Calcutta et pour lesquels les sœurs arrivent à trouver des familles d'adoption : la joie simple, la clarté du regard des enfants, les embrassades avec les sœurs…

« Mother m'a dit : "On a des demandes d'adoption, on pourrait en prendre 50 000 de plus !" Et on sait ce qu'elle dit toujours : "Amenez-nous les enfants, et vous allez voir, nous allons les placer, et il va y avoir des gens qui vont les aimer." La journée a été absolument extraordinaire. Exténuante, mais l'une des plus précieuses de toute ma pauvre vie. C'était le 14 avril 1983, un jeudi. »

« N'essayez pas de gérer, même avec Dieu, sans prier beaucoup »

Les jours suivants se passent pour l'essentiel à l'intérieur du couvent. Depuis son expérience à la maison des femmes prisonnières, J.-Robert Ouimet préfère le calme et la sérénité du couvent. Mère Teresa n'insiste pas… Il lit des ouvrages que lui prête Mère Teresa, mais le plus souvent il reste en silence plusieurs heures à la chapelle. Une expérience singulière quand on connaît le vacarme incessant de Calcutta que les murs du couvent ne parviennent pas à endiguer. Mère Teresa lui fait apporter ses repas à la sacristie. Il séjourne à la maison-mère de 6 heures du matin à 6 heures du soir.

« Je regardais un peu ce que faisaient les sœurs. Je m'imbibais de leur vie. Je connaissais une sorte de transmission mystérieuse, une osmose de grâce, une transfusion spirituelle. J'en avais besoin car j'étais à sec ! Finalement, c'était pour cela que j'étais venu. Une fois, Mère Teresa est venue me voir en particulier à la chapelle. J'étais assis par terre. Elle me regarde et me dit : "N'êtes-vous pas fatigué d'être ici ?" Je lui ai simplement répondu : "Mother, j'en ai trop besoin. C'est la meilleure place. Merci beaucoup pour ce privilège !" Elle a bien vu alors qu'il y avait quelque chose qui se passait, que je n'étais pas venu faire un voyage social ou une excursion de sciences sociales ! »

Privilège extraordinaire que de voir les sœurs prier ! Plus de deux cents religieuses qui viennent prier cinq ou six fois par jour, pendant dix ou vingt minutes, remplir la chapelle des chants joyeux de leurs offices… Il n'en fallait pas davantage à J.-Robert Ouimet pour être pleinement heureux, particulièrement au cours de l'heure d'adoration, de 5 heures à 6 heures le soir. Mère Teresa lui raconte comment elles y étaient venues. C'était dans les dix premières années de la fondation de son œuvre. Les sœurs faisaient tour à tour des crises d'épuisement – des *burn out* selon l'expression consacrée dans le monde du business particulièrement exposé à ce type d'expérience. Incessamment sur le qui-vive, continuellement dans la rue à ramasser des épaves humaines qu'elles conduisaient à leur « mouroir », le rythme de vie auquel elles étaient soumises outrepassait les limites humaines. Trop peu nombreuses, perpétuellement dépassées par l'immensité de leur mission de secours des mourants des rues, les sœurs tombaient d'épuisement les unes après les autres. Mère Teresa a dû alors décider : retirer aux sœurs une heure de travail heure par jour ? Les faire dormir une heure de plus ? Ou bien autre chose ? À l'époque, les sœurs ne faisaient pas une heure d'adoration quotidienne. La décision n'a pas été une décision de compromis : retirer une heure de service dans la rue et la remplacer par une heure d'adoration de l'eucharistie. Une décision qui enthousiasme J.-Robert Ouimet :

> « Moi, je me dis que le Seigneur n'avait pas le choix ! Il fallait qu'il fasse quelque chose de beau ! Précisément parce qu'elles ont retranché une heure dans la rue pour ajouter une heure d'adoration ! Si elles avaient rajouté une heure de sommeil, je ne crois pas que le Seigneur aurait réagi aussi fortement. Il y aurait eu encore plus de *burn out* ! »

Curieusement, c'est à partir du moment où a été instituée cette heure quotidienne d'adoration que le nombre des vocations a littéralement explosé chez les sœurs Missionnaires de la Charité. Fruits mystérieux et indéniables de la puissance de l'adoration au-delà de toute logique et de toute rationalité humaine…

La fin du séjour arrive. Mère Teresa accompagne J.-Robert Ouimet à la porte du couvent, cette porte sur laquelle est encore apposée cette petite pancarte indiquant « *Mother in* » ou « *Mother out* ». Juste avant de l'embrasser, elle l'avertit : « *Don't try to manage with God without praying a lot ; you won't be able !* – N'essayez pas de gérer avec Dieu, sans prier beaucoup ; vous n'en serez pas capable ! »

> « Pour moi, c'était évident ! Je me connaissais trop bien humainement. Je connaissais assez ma fragilité. Je percevais déjà un peu l'ampleur du programme qu'elle venait, en quelques phrases, de me transmettre, dans la réponse à ma question. Comme chef d'entreprise, j'aimais cela : au moins c'était clair ! Elle m'avait dit les priorités de l'amour : ma femme, mes quatre enfants, mes collaborateurs. Et puis : "Vous ne pouvez pas donner, ça n'a jamais été à vous, ça vous a été prêté." Et enfin : "N'essayez pas de gérer ça à Sa façon à Lui, avec Lui, sans prier beaucoup ; vous ne serez pas capable !" J'ai quitté le couvent à la fin de ce premier voyage avec ce privilège phénoménal ! »

Il quitte donc le couvent avec son chauffeur pour rejoindre l'aéroport et prendre son avion, toujours en première classe, comme à son habitude... et alors que l'avion décolle, il prend cette résolution solennelle qui a décidé de l'orientation de sa vie depuis lors :

> « J'ai regardé par le hublot et là j'ai dit au Seigneur – c'est la pure vérité – : "Seigneur, Mother m'a dit : 'Priez beaucoup, sans cela vous ne serez pas capable de gérer ce que Dieu vous a prêté.' Je n'ai pas de problème avec ça, je me connais ! Seigneur, le changement de ma vie devra être tellement profond afin de suivre les trois priorités d'amour que Mother m'a données... Alors je veux t'informer, Seigneur, qu'à partir de maintenant, je veux et je vais aller à ton eucharistie tous les jours de ma vie,

tous les jours ! Je m'y engage." Je n'ai pas dit : "Je te promets." Parce que j'ai tellement manqué mes promesses avec lui, que même à l'époque, je ne lui disais plus : "Je te promets", mais "Je m'y engage !" Comme elle m'avait dit de ne pas essayer sans prier beaucoup, je n'y suis pas allé par quatre chemins. J'ai pris la ligne droite ! Je suis certain que si je n'avais pas pris cette décision ce jour-là, et bien sûr si je ne l'avais pas respectée, je n'aurais jamais entrepris ce que j'ai fait. Depuis 1983, j'ai très rarement manqué l'eucharistie quotidienne. Je ne me souviens pas d'une seule fois être resté au lit parce que j'étais fatigué. Pas une seule fois ! Aujourd'hui, je témoigne avec toute la force dont je suis capable que s'il y a quelque chose de beau dans ma vie, c'est vraiment Son eucharistie qui, quasiment malgré moi – avec moi, mais souvent malgré moi – a fait avancer l'amour dans ma vie. Tout le reste est secondaire, parfaitement secondaire ! »

La leçon de management de Mère Teresa

Depuis cette rencontre de 1983 avec Mère Teresa on trouve sur le papier à en-tête et les différents documents des entreprises du groupe Ouimet cette devise : « *Pray to manage with God* – Prier pour gérer avec Dieu ». Une affirmation claire qui ne manque pas d'étonner – parfois même de scandaliser – dans le contexte culturel contemporain chaque jour davantage marqué par l'emprise du sécularisme et du relativisme, mais qui est maintenue envers et contre toutes les tentations de facilité et de découragement. Cette affirmation, qui interdit d'emblée à quiconque de ne rien ignorer de l'option fondamentale que J.-Robert Ouimet a voulu pour ses entreprises, n'est cependant que comme la partie émergée d'un iceberg. Elle n'est que le signe d'un projet d'entreprise tout à fait original et unique qui s'enracine dans l'histoire de l'entreprise fondée par son père, J.-René Ouimet, et dans le choix fondamental que ce dernier a introduit dans sa vie : celui d'être à la fois chef d'entreprise performant et chrétien authentique. Et cela pleinement, totalement, sans réserves, même si avec toutes les limites inhérentes à l'inévitable condition d'homme pécheur. C'est finalement cette recherche d'authenticité et d'unité qui caractérise J.-Robert Ouimet et qui le conduit à faire fi des frontières que l'esprit du monde cherche à introduire tout spécialement dans la vie des décideurs au point de leur faire adopter un comportement en quelque sorte schizophrène. Nous sommes aujourd'hui abreuvés d'exemples de responsables économiques ou politiques qui ne parviennent pas à faire l'unité de leur vie et s'en justifient en invoquant à l'envi la distinction de Max Weber – fallacieuse mais si commode ! – entre l'éthique de conviction et l'éthique de responsabilité : à titre personnel j'adhère, en thèse, à des valeurs auxquelles je crois – éthique de conviction –, mais le réalisme de l'exercice de mes responsabilités me contraint à professer, en pratique, d'autres valeurs, même si elles s'opposent aux premières – éthique de responsabilité. Élégante justification à toutes les lâchetés ! J.-Robert Ouimet n'est pas de cette espèce-là, lui qui n'hésite pas à traverser la moitié de la planète pour poser une question fondamentale et existentielle à celle dont il est persuadé que son amour des pauvres la met inévitablement sur le chemin de la vérité ; lui qui ne voit pas pourquoi on ne demanderait pas à cette même fondatrice d'ordre religieux comment elle décrirait un bon manager chrétien. C'est dans une lettre précieusement conservée dans le petit musée de l'entreprise que l'on trouve la réponse de Mère Teresa, d'une parfaite et limpide simplicité et en même temps d'une totale exigence : « *A good manager you will be, if you let Him use you, without consulting you !* – Vous serez un bon manager, si vous laissez le Seigneur vous utiliser sans vous consulter ! » Radicalité bien de nature encore une fois à emporter l'adhésion de J.-Robert Ouimet :

« Je témoigne aujourd'hui – près d'un quart de siècle plus tard – que c'est exactement ce que j'appelle vivre ensemble avec les Trois – le Père, le Fils, l'Esprit. Ils ont carte blanche ! C'est exactement ça : *"Without consulting me…"* Je veux tout vivre avec Eux, sans que je m'attende du tout à ce qu'Ils me consultent en quoi que ce soit. C'est la grande leçon de management chrétien que j'ai reçue de Mère Teresa. »

La « marque » de Mère Teresa

Il est étonnant de réaliser l'importance de l'impact de la mère des pauvres de Calcutta, non seulement sur la personne de J.-Robert Ouimet mais sur toute la vie de l'entreprise dont il a la charge. Certaines dimensions essentielles du projet d'entreprise portent ainsi la « marque » de Mère Teresa, notamment la « clef de voûte » et plusieurs outils de management humain : témoignages, salle de prière, moments de silence intérieur durant les réunions, groupes de soutien mensuel[1].

« L'impact majeur de Mère Teresa dans la vie du fragile humain que je suis, c'est une amplification considérable du besoin viscéral de calme et de silence intérieur. Je sais maintenant, expérimentalement, que c'est le seul outil de management par lequel, je peux vraiment permettre au Seigneur de venir en moi. C'est la force, le caractère irremplaçable, la primauté du silence intérieur, ce silence qui mène à la prière comme le dit Mère Teresa. Et non

---

1. Ces différents outils de management humain qui correspondent à des activités qui ont lieu dans le milieu du travail et durant le temps rémunéré seront décrits dans le chapitre 5, ainsi que les valeurs humaines et spirituelles auxquelles ils réfèrent.

pas l'inverse ! Ce n'est pas la prière qui mène au silence intérieur ; c'est le silence intérieur qui mène à la prière. Toute vie spirituelle, pour le peu que j'en comprends, débute par le silence, le calme, la sérénité. Dieu est ami du silence, et le silence mène à la prière. La prière mène à la foi ; la foi mène à l'amour, à la compassion, au don de soi ; l'amour mène à la paix. Et la paix mène au silence… Avec Mère Teresa, dans son couvent de Calcutta, c'est vraiment cela que j'ai découvert et que j'ai retenu d'elle : la puissance, le caractère incontournable du silence et de la prière dans la vie d'un être humain. »

Et cela se traduit très concrètement. Lorsque J.-Robert Ouimet donne une conférence, l'auditoire n'est pas peu surpris de le voir commencer par un temps prolongé de silence. Force est de constater que cette pratique, à première vue déconcertante, suscite chez les auditeurs une qualité d'écoute peu commune et qu'il ne s'agit pas là d'un « truc » de communicateur. Car ce silence est incontestablement habité. De même si vous rencontrez J.-Robert Ouimet, il est fort probable qu'il vous invitera, comme préalable à l'entretien, à un moment de recueillement et de silence. Et il faut reconnaître que les paroles échangées ensuite prennent une densité particulière, comme si un autre était convié à l'entretien ; plus encore, y présidait, réellement présent…

2

Les dons reçus

Toute personne se définit et se comprend d'abord par ce qu'elle a reçu . « Qu'as tu que tu n'aies reçu ? », interrogeait déjà saint Paul dans sa première Épître aux Corinthiens… J.-Robert Ouimet a une conscience aiguë de ce qu'il a reçu, d'avoir beaucoup reçu et par conséquent de devoir beaucoup. Héritier, il l'est assurément au plan matériel, mais aussi – et peut-être surtout – aux plans moral, intellectuel et spirituel du fait de tout ce qu'il a reçu de ses parents, de certains de ses éducateurs et professeurs et de ses différents directeurs spirituels. Pour comprendre l'homme, ce sont les différentes facettes de cet héritage qu'il convient d'évoquer tout d'abord.

La seule manière de manager

On ne peut comprendre la personnalité de J.-Robert Ouimet sans la mettre dans la lumière de ce qu'il sait – et dit – avoir reçu de son père J.-René et de sa mère Thérèse.

31

J.-Robert Ouimet est un héritier. S'il rachète l'entreprise de son père, l'année même de son mariage, en 1965, ce n'est pas lui qui l'a fondée. Cela explique peut-être en partie la gêne qu'il avoue avoir toujours éprouvée à l'égard de l'aisance matérielle dont il jouit : de fait, cette richesse, il ne l'a pas créée ; il en a hérité. Elle ne doit rien, à l'origine, à son mérite personnel mais au courage, à la détermination, au travail acharné de son père, à la prise de risques que ce dernier a consentie en créant l'entreprise qui porte son nom. Le fait d'hériter d'une situation avantageuse a creusé profondément en lui la conscience d'être un débiteur et lui a toujours interdit de se comporter en profiteur.

Son père, J.-René Ouimet, après de brèves études commerciales, commence sa carrière comme comptable dans une société de commerce de fromages. Au bout de cinq ans dans cette société, il propose aux dirigeants de leur sous-traiter la distribution de leurs produits. C'est ainsi que naît, en 1933, la société J.-René Ouimet Ltée. Travailleur acharné, pondéré dans ses décisions, doué d'une grand autorité naturelle, exigeant, discipliné et perfectionniste, mais témoignant en même temps d'une grande chaleur humaine et de réelles qualités de communicateur, il transmettra par l'exemple à son fils le souci de la primauté de la dignité de la personne humaine, du travail bien fait et de la recherche de l'excellence.

« De mon père, j'ai eu le privilège de recevoir gratuitement, trois valeurs fondamentales : le courage, la détermination et la sagesse. Ces trois valeurs-là complètent merveilleusement les trois valeurs que j'ai eu aussi le privilège de recevoir de ma mère : la foi, l'espérance et la douceur. Quoique pour la douceur, j'aie besoin d'y travailler encore ! Mais j'ai toujours eu le sentiment que ces six valeurs très fortes reçues de mes parents, non pas par leurs discours mais par leurs actes quotidiens, me donnaient une lourde responsabilité car elles ressemblent pas mal à Jésus-Christ… »

De sa mère, il retiendra surtout le sens de la prière et le goût du silence.

« Ce dont je me souviens de maman, c'est que c'était vraiment une femme de prière avec une très grande vie intérieure, même si elle n'en parlait jamais. Elle rayonnait pour moi la présence de Dieu, la présence du Christ. Une anecdote, pour illustrer cela : lors d'une grosse tempête de neige dans les années 1950, alors que toutes les rues étaient complètement bloquées, je me souviens l'avoir vue chausser ses skis pour aller à la messe. Ce n'était pourtant pas un dimanche, mais un jour de semaine. Je lui ai demandé si je pouvais y aller avec elle. Elle m'a dit oui. J'ai chaussé mes skis également et nous sommes partis tous les deux dans la tempête vers Saint-Germain d'Outremont. Évidemment, nous nous sommes retrouvés tous les deux seuls dans l'église avec le prêtre ! Rétrospectivement, c'est pour moi un témoignage puissant de son besoin d'aller recevoir le Seigneur, un témoignage silencieux. Ce qu'il y a de plus puissant entre les humains, ce ne sont pas leurs paroles, ce sont leurs gestes. Il n'y a aucun doute que cette nécessité constante de silence dans ma vie a été semée par ma mère et aussi ce besoin constant de prière et l'amour de l'eucharistie. Quel privilège ! »

J.-Robert Ouimet se rappelle que ses parents avaient l'habitude de participer ensemble à l'eucharistie en semaine en plus de la messe dominicale, particulièrement les dix années qui ont précédé le décès de sa mère, et qu'ils avaient recours régulièrement, l'un et l'autre, au sacrement de la réconciliation. Sa mère avait conservé la tradition apportée par les premiers Bretons arrivés il y a quatre siècles à Québec et à Montréal de bénir chacun de ses trois enfants tous les soirs en leur traçant une croix sur le front. Un geste silencieux mais dont le souvenir et la portée restent gravés en lui.

En fin de compte, ce dont J.-Robert Ouimet, comme chef d'entreprise, est le plus redevable à ses parents, c'est de lui avoir enseigné par leurs actes de tous les jours que l'exemple n'est pas la meilleure manière de manager les hommes, mais que c'est tout simplement la seule...

Les fondamentaux de la culture d'entreprise

La figure de son père marquera beaucoup J.-Robert Ouimet : fondateur, créateur, entrepreneur, avec tout ce que cela suppose de vision, d'ambition au sens le plus noble du terme. Un homme qui n'hésite pas à prendre des risques lorsqu'il fonde son entreprise de commerce dans les années 1930 – en plein crise économique – en empruntant deux mille dollars. Mais également quelqu'un de profondément humain, respectueux de l'autre, bon, généreux et franc :

> « Il y avait entre lui et les personnes qui travaillaient avec lui, un contact humain authentique. Et cela m'a marqué pour la vie ! Le contact humain authentique dont je me souviens chez lui, c'était que les gens savaient très bien que si J.-René leur disait : "J'ai beaucoup d'estime pour toi", ils ne se demandaient pas ce qu'il voulait dire ; ils comprenaient qu'il voulait simplement dire : "J'ai beaucoup d'estime pour toi !" Et ils savaient très bien également que lorsque J.-René leur disait : "Tu travailles très mal, et puis ça fait quelques fois que je te le dis, et ça peut devenir plus compliqué si ça continue...", il ne jouait pas sur les mots... »

C'est là-dessus que s'est peu à peu construit une culture d'entreprise faite de chaleur humaine, de franc parler, de droiture, d'honnêteté et de sens du travail bien fait qui a constitué le socle sur lequel J.-Robert

pourra s'appuyer pour développer son projet d'entreprise novateur et audacieux.

« Il y avait un fil conducteur dans la culture de l'organisation qui a été fondée par mon père, et qui était vraiment le fondement de ce que nous vivons aujourd'hui
dans l'entreprise. C'était une culture où la dignité
humaine était primordiale. Ce n'était pas formulé en ces
termes, trop universitaires, mais on disait : "Les humains,
c'est important ! C'est important, non pour la productivité, mais parce que chaque personne est très importante
et précieuse." Une fois cela dit et affirmé, on s'occupait
de la productivité. C'était fait de façon naturelle. Et on
sentait qu'il y avait dans l'entreprise, dans sa culture, un
souci de justice et d'équité. Ce n'était pas pour se protéger contre la loi, et se dire : "Il faut être honnête, parce
que si on n'est pas honnête, on va se faire poursuivre…"
On n'avait pas de code d'éthique à l'époque, mais ce que
j'ai senti durant toutes les années où j'ai travaillé dans
l'entreprise du temps de mon père, c'est qu'il y avait de
l'éthique. C'était vraiment naturel, et ça venait naturellement du fondateur ! »

Le miracle de la confiance

À l'égard de son fils J.-René Ouimet fait preuve
d'une grande compréhension, l'engageant à poursuivre
des études de sciences économiques et de management
de haut niveau que lui-même n'avait pas pu faire.
Alors qu'il aurait pu se méfier d'une certaine tendance
de son fils à intellectualiser les choses, voire éprouver à
son égard une certaine jalousie, il lui manifeste au
contraire une totale confiance.

« Ce que j'ai toujours senti de la part de mon père à mon
endroit, même s'il ne m'a pas dit souvent verbalement,
c'est : "J'ai confiance en toi !" J'ai toujours senti cela

comme une évidence. Même dans les années les plus noires. »

Cette confiance, son père la lui prouve notamment au cours des deux années à plein temps que le jeune J.-Robert passe dans l'entreprise après ses études aux HEC.

« Je travaillais à l'époque surtout dans les ventes et le marketing. C'était excessivement intéressant car c'était vraiment un apprentissage de la technique de la mise en marché de produits alimentaires. J'ai fait un tas d'erreurs pendant ce temps-là. Mon père ne m'a jamais fait de reproches sur ces erreurs ou sur ce que j'aurais eu intérêt à apprendre. Au contraire, avec beaucoup de sagesse, il m'a laissé me constituer mon expérience. »

Et quand, au terme de ces deux années, J.-Robert annonce à son père qu'il souhaiterait compléter ses études commerciales et managériales en entamant un cursus de sciences sociales et politiques afin de mieux appréhender la dimension humaine de la gestion d'entreprise, son père, loin de le détourner de ce projet, l'encourage au contraire, même lorsque J.-Robert lui annonce qu'il souhaite suivre ce cursus à l'université de Fribourg, en Suisse !

« Alors là, il a été terriblement surpris ! Il réalisait évidemment que ce n'était pas la porte à côté, et que je partirais donc pour un bout de temps. Plus tard, il m'a dit qu'il avait vraiment eu peur que je ne revienne pas dans les affaires et que je devienne professeur ou prêtre, mais il m'a fait confiance. Puis il m'a donné une carte de crédit, de l'argent, et je me suis acheté une petite décapotable ! Je suis parti et j'ai travaillé comme un cheval. Je n'ai aucun mérite. J'ai adoré ça ! »

Pourtant, si J.-Robert Ouimet a fait de brillantes études, on ne peut pas dire qu'elles aient bien commencé ! Élève difficile, indiscipliné, résultats insuffisants, bulletins de notes catastrophiques, renvoyé de plusieurs écoles et collèges, impuissance des psychologues à trouver une solution pour ce « cas »…

« Ce dont je me souviens, c'est de la patience de mes parents. Je ne me souviens pas d'une fois où mon père m'aurait dit : "Écoute Robert, viens là, il faut qu'on s'assoie, et là c'est dans le très sérieux. Cela ne va pas du tout et il va falloir que ça cesse." À l'époque, je n'avais aucun rêve. Je me cherchais. Je constatais que je ne fonctionnais pas, bien que des psychologues essayaient de me comprendre. Je constatais que ma mère et mon père étaient nerveux. Je voyais les bulletins désastreux arriver les uns après les autres. Et les retenues à peu près chaque samedi et parfois même le dimanche, pour mauvais résultats et indiscipline… Je ne réagissais pas. Je ne m'amendais pas. Je me cherchais et je ne me trouvais pas. Je n'avais pas d'idéal. C'est ça qui me manquait : je ne savais pas ma raison d'être ; je ne savais pas pourquoi je devais travailler. Bref, j'étais rebelle ! »

Cela durera jusqu'à l'âge de 16 ans et son admission chez les clercs de Saint-Viateur à l'Académie Querbes à Outremont. C'est là qu'il fait la rencontre d'un vrai éducateur au nom singulier, le frère Dieumegarde, professeur titulaire des deux dernières classes de l'enseignement secondaire à l'Académie Querbes. Enfin un professeur qui le comprenait et qui croyait en lui :

« Il a été l'élément déclencheur : je sentais en lui un amour et un accueil authentiques. Je sentais qu'il m'aimait et qu'il avait confiance en moi. Il me disait : "Robert, vous êtes capable de faire quelque chose, vous en êtes capable !" C'était un chef. Il avait une poigne de fer, mais dans l'amour ! Il a vu que je voulais faire du management et aller étudier à HEC et il m'a dit : "Vous en êtes capable !" Il m'a consacré beaucoup de temps. Il me posait de bonnes questions et il m'encourageait à trouver les bonnes réponses. C'était un guide. En onzième année, il m'a dit : "Vous êtes capable d'arriver premier de la classe cette année." Je ne pouvais pas croire que quelqu'un pouvait être assez fou pour me dire ça, mais je me souviens qu'au cours de cette onzième année, j'ai commencé à faire régulièrement mes devoirs, à les rendre à temps, à écouter les professeurs, à prendre des notes, à cesser d'avoir des retenues... Une transformation incroyable, à 180° ! J'ai pris confiance en moi, j'ai découvert que j'étais intelligent et la douzième année, j'ai gradué et j'ai été deuxième de ma classe ! C'est vraiment le frère Dieumegarde qui m'a permis de commencer à emprunter cette longue route qui mène à aujourd'hui. Je le prie tous les jours maintenant, Dieumegarde... »

Miracle de la confiance qui, accordée sans conditions et dans l'amour, permet de révéler une personne à elle-même et de la mettre sur la voie de la réponse à sa vocation.

L'Église, « experte en humanité »

Durant ses études à HEC Montréal et à l'université Columbia Business School, J.-Robert Ouimet retiendra plus particulièrement l'enseignement de quelques professeurs à la personnalité marquante.

D'abord Roger Charbonneau, chef d'entreprise et professeur de management, également doyen des HEC, un des premiers Québécois diplômé de Harvard, qui incarne pour lui le chef d'entreprise qu'il rêve d'être. Témoignant d'une grande vie intérieure, il le convainc qu'il y a moyen de gérer d'une manière efficace tout en visant l'épanouissement des salariés. Roger Charbonneau siègera d'ailleurs pendant dix ans au conseil d'administration de Ouimet et il encouragera J.-Robert Ouimet dans son projet de thèse de doctorat.

> « Roger Charbonneau était capable de nous convaincre qu'il y avait moyen de gérer une organisation d'une manière de plus en plus efficace au plan de la productivité tout en visant l'épanouissement des personnes. Et cela émanait de sa personne : par sa poignée de main, par son authenticité, par son sourire, par son humanité il communiquait à ses étudiants cette possibilité extraordinaire d'être bons pour les autres tout en les aidant à devenir de plus en plus efficaces, y compris, si besoin, en leur flanquant quelques coups de pied dans le derrière pour les stimuler et les forcer à se dépasser. C'était aussi un homme priant et religieux. »

Marcel Clément ensuite, un Français, professeur de doctrine sociale catholique, grand ami de Marthe Robin, la petite stigmatisée de Chateauneuf-de-Galaure dans la Drôme française, fondatrice de l'œuvre des Foyers de Charité. Après sa période canadienne, où il deviendra l'ami de Charles De Koninck et de Mgr Dionne, grands philosophes thomistes de l'université Laval, Marcel Clément reviendra en France au début des années 1960 pour prendre la direction du bimensuel catholique *L'Homme nouveau* et se fera connaître comme un des meilleurs spécialistes de la doctrine sociale de l'Église. Lors de la fondation par son frère André de la Faculté libre de philosophie comparée, il deviendra titulaire de la chaire de philosophie morale et politique.

> « Le seul cours d'HEC où j'ai eu A, c'était pour ce cours-là ! Le Seigneur m'a vraiment rejoint par Marcel Clément. Puissante intelligence, philosophe, économiste, théologien, écrivain, professeur de management, grand témoin de la foi catholique, il m'a communiqué la certitude qu'il était possible de vivre dans le quotidien la doctrine sociale catholique dans la gestion de l'organisa-

tion dont je m'apprêtais à prendre progressivement les rênes à la suite de mon père et à l'invitation de ce dernier. Je sentais, dans ce cours très centré sur la primauté de la dignité humaine comme fondement de la doctrine sociale, la nécessité de l'authenticité dans les communications humaines et la primauté de la prière dans la vie des gens pour qu'ils ne se déshumanisent pas, mais qu'ils se spiritualisent. J'ai découvert dans le cours de Marcel Clément qu'il était possible d'être un gestionnaire très efficace en même temps que de vivre la gestion à la manière de Jésus-Christ. D'une certaine manière ce cours était une préparation lointaine à recevoir ce que Mère Teresa me dirait face à face en avril 1983, en réponse à ma question de savoir si je devais tout donner. »

Également les professeurs Buchi et Swartzfischer qui tous deux, de l'université de Fribourg, l'ont marqué par leur souci d'intégrer dans le quotidien de la gestion les principes de la doctrine sociale de l'Église. Enfin le grand professeur de management de l'université Columbia Business School, Charles Summer, dont il reconnaît qu'il l'a singulièrement préparé à être le gestionnaire et l'actionnaire qu'il a été.

C'est tout particulièrement à la lumière de l'enseignement de ces quelques professeurs qu'il a l'intuition qu'il était possible de gagner de l'argent, d'apporter un vrai service aux consommateurs et en même temps donner un sens à la vie de l'homme au travail. Bref, qu'il était possible de poursuivre en même temps et de manière cohérente deux idéaux : celui de l'entrepreneur qui doit viser le développement de son entreprise par la réalisation de légitimes et nécessaires profits et celui du chrétien qui doit aimer et servir ses frères et sœurs que sont les personnels de son entreprise et ses consommateurs. Ce qu'ont su lui montrer ces quelques professeurs éminents, c'est que c'était dans la doctrine sociale de l'Église qu'il fallait chercher le moyen de nouer ensemble ces deux idéaux. Pourquoi ? Parce que l'Église atteste dans cet enseignement qu'elle est dépositaire d'une vérité intégrale et plénière sur l'homme, qu'elle est, selon le beau mot de Paul VI devant l'Assemblée générale des Nations Unies en 1965, « experte en humanité ». C'est ce qui la rend capable de proposer des principes de l'organisation sociale et économique qui sont au service de la réalisation de tout l'homme et de tout homme.

La conquête d'un cœur de chair

J.-Robert Ouimet reconnaît avoir toujours eu besoin de l'appui et du conseil d'accompagnateurs spirituels. Dès l'âge de 17 ans, en 1951, il commence à rechercher un prêtre capable de le conseiller dans son désir d'une vie chrétienne plus authentique.

> « L'accompagnement spirituel, j'en ai toujours eu besoin depuis que je suis tout petit. Ce n'était pas un effort de ma part. Je voulais parler avec quelqu'un qui me donnerait de la sagesse. Quand on cherche on trouve, mais cela a été tellement long ! Au cours de ces cinquante-cinq années d'accompagnement spirituel, j'ai vu régulièrement quatre prêtres différents qui ont tenté de m'accompagner et de me guider au long des années. Souvent ces rencontres étaient éprouvantes car j'avais le sentiment de ne pas m'améliorer. Pourtant je ne me suis jamais découragé. D'ailleurs cette incapacité à m'améliorer, sauf très lentement au fil des années, a réussi à purifier mon orgueil de chef capable de faire beaucoup de choses, et m'a permis de réaliser que j'avais fondamentalement besoin du Seigneur. »

C'est seulement en 1953, à la faveur d'une retraite qu'il organise à l'occasion de Pâques à l'abbaye bénédictine de Saint-Benoît-du-Lac pour ses condisciples d'HEC dont il est responsable de classe, qu'il trouve en Dom Vidal un prêtre susceptible de l'aider à – selon son expression – « transformer son cœur de pierre en cœur de chair ». L'expérience durera trente ans, à raison d'un week-end tous les deux mois en moyenne ! Il ne connaîtra que trois autres accompagnateurs spirituels en plus de cinquante-cinq années au total au rythme d'une rencontre par mois en moyenne. Une méthode simple :

> « L'accompagnement spirituel, c'est ceci pour moi : je vais voir un prêtre et je lui raconte tout ce qui va dans ma vie, et tout ce qui ne va pas, aux plans non seulement humain, mais surtout moral et spirituel. J'échange avec lui, je lui pose des questions. Il fait des suggestions. On discute ensemble, puis on se fait un plan d'action. On se revoit quinze jours, un mois ou deux mois plus tard et on fait le point ensemble sur le plan d'action. »

Mais une expérience exigeante de son propre aveu :

> « Ce n'est pas évident de se faire accompagner spirituellement de façon systématique ! Pour une raison simple : c'est que la liberté entre vraiment en jeu. Quand on voit régulièrement quelqu'un, qui est sous le sceau du secret et à qui on s'engage à dire tout à échéances régulières et proches, c'est terriblement exigeant et humiliant, mais purifiant pour l'orgueil. Si on voit la personne une fois par année il n'y a aucun problème parce qu'une année plus tard on ne se rappelle à peu près de rien. Mais quand on se voit tous les mois ou tous les deux mois pendant deux, trois, quatre, cinq heures, on se rappelle pas mal de choses… Dans ma vie il y a tellement de choses que j'ai essayé de faire pour améliorer mon vécu, public et privé, au plan de la foi, au plan de la charité, au plan des valeurs personnelles, sans jamais y réussir : l'orgueil, l'avarice, l'impureté, l'envie, la gourmandise, la colère, la paresse… Chaque

être humain, comme le dit saint Paul dans son épître, a son aiguillon dans sa chair. Moi, je n'en ai pas eu un, j'en ai eu plusieurs et certains sont encore là aujourd'hui ! Alors, quand on "réaborde" ça avec l'accompagnateur spirituel, c'est très dur. Quand on avoue que l'on est tombé encore, que l'on n'a pas réussi, quelle humiliation ! Mais cette humiliation donne des fruits extraordinaires. Quand ça fait des centaines de fois qu'on dit "Je n'ai pas réussi", c'est reconnaître que l'on n'est pas capable de se sauver par soi-même. »

Il peut être déjà humiliant et difficile d'avouer ses défaillances à un prêtre dans le secret du sacrement de la réconciliation, et il est déjà beau d'accepter la vérité de cette démarche par rapport à soi-même et à Dieu, mais l'accompagnement spirituel force à un autre niveau d'exigence particulièrement purifiant pour l'orgueil. Les fruits sont naturellement à la mesure de cette exigence.

« Je témoigne que ça m'a pris cinquante-cinq ans pour découvrir que je n'étais pas capable sans le Christ Jésus et que, comme me l'a fait comprendre mon deuxième père spirituel, le père Marc Roy, je ne pourrai pas me sauver "à la force de mes poignets". Il fallait que je passe par là. Cela me purifiait de mon orgueil, mais il repoussait à mesure ! Cela m'a fait découvrir que c'est seulement avec Lui que je serai capable. Plus de cinquante ans de direction spirituelle, c'est très, très difficile à vivre. Mais comme pour toutes les choses de la vie, celles qui prennent le plus de temps à se développer, à se construire, à s'épanouir sont les plus belles et les plus durables. Plus c'est difficile, plus c'est beau ! »

Aujourd'hui encore, à plus de soixante-dix ans, J.-Robert Ouimet rencontre régulièrement, toutes les deux ou trois semaines, Mgr André Gazaille, évêque auxiliaire de Montréal, son quatrième accompagna-

teur spirituel, et reçoit à chaque fois de lui le sacrement de la réconciliation. C'est ainsi qu'il s'applique
à gagner peu à peu, selon sa propre expression, un
cœur qui soit « davantage de chair et moins de
pierre »...

3

Une vocation : chef d'entreprise, époux, père de famille

Toute la vie de J.-Robert Ouimet a été une tentative de répondre aussi fidèlement que possible à un appel dont il n'a jamais douté, reçu au fond du cœur, dans ce sanctuaire mystérieux où Dieu parle à l'homme d'une parole aussi pressante que discrète. Un appel, une vocation au sens premier et plein du terme, et pourtant une vocation dans le monde, en qualité de laïc, époux, père de famille et chef d'entreprise. Parler d'une vocation comme d'un appel intérieurement ressenti à accomplir une mission dans un état de vie qui n'est pas sacerdotal ou religieux est encore parfois considéré par certains comme un abus de langage. Ou bien, si l'on admet des vocations dans un état de vie laïque, c'est uniquement par analogie avec la vocation religieuse qui seule, considère-t-on, mérite pleinement d'être appelée vocation. Une vocation dans le monde est alors considérée comme une vocation de second plan, les seules vocations à faire exception étant les vocations politiques ou les vocations artistiques, lesquelles sont le fait de personnes aux dons et talents évidents et exceptionnels. C'est peut-être pourquoi, pour peu qu'une personne ait le sentiment d'être appelée à une mission et qu'elle affiche une vraie exigence de vie spirituelle personnelle, on a tôt fait de lui attribuer une vocation religieuse… C'est en tout cas ce qui semble s'être passé pour J.-Robert Ouimet.

Un garçon que beaucoup auraient vu prêtre, moine ou professeur

« Plusieurs personnes dont mes parents, pensaient que je deviendrai prêtre. Ma grand-mère Drouin, la mère de ma mère, me disait que j'étais destiné à être prêtre, et qu'elle priait beaucoup pour ça ! Et moi j'étais sûr que ce n'était pas mon appel, mais que j'étais appelé à être père… père de famille ! »

Beaucoup de ses amis le voyaient également assez bien dans les ordres. Et pour cause ! Étudiant à HEC Montréal, il avait déjà l'habitude assez singulière de se retirer tous les deux mois environ pour passer un week-end dans un monastère contemplatif plutôt que de s'adonner aux sorties entre jeunes, habituelles à cet âge… La vie contemplative bénédictine a exercé très tôt un attrait profond sur lui spécialement à travers l'abbaye de Saint-Benoît-du-Lac, située au bord du lac de Memphrémagog et abbaye-fille de la grande abbaye française Saint-Wandrille.

« Depuis l'âge de dix ans environ, je suis allé régulièrement à Saint-Benoît-du-Lac car un de mes oncles possédait une maison au bord du lac et m'y emmenait pour les offices ou la messe lorsque je lui rendais visite. Et à compter de 1953, donc à 19 ans, j'y suis allé sans interruption pendant plus de trente ans, au rythme d'au moins tous les deux mois, pour un week-end. Donc, déjà tout enfant, j'ai été à la fois intrigué et attiré par la vie de ces hommes que je voyais arriver, recueillis, joyeux, avec leurs beaux visages, et qui chantaient si bien. Cela a contribué à développer lentement en moi, au rythme de Dieu, ce besoin pressant que je ressens de plus en plus chaque jour du calme et du silence intérieur qui mène à la prière. »

Ces séjours au monastère sont l'occasion pour lui de méditer la devise bénédictine *Ora et labora* et d'approfondir la règle de saint Benoît dont un exemplaire est mis dans chaque chambre à disposition des hôtes de l'abbaye. Cela fait souvent la matière d'échanges spirituels avec Dom Vidal, son premier père spirituel, moine et père hôtelier à l'abbaye.

« Prier et travailler, travailler et prier… À mesure que je prenais conscience que je serai un jour appelé à prendre la succession de mon père comme chef d'entreprise, la question me venait, de plus en plus pressante : "Comment pourrai-je gérer tout cela de telle sorte qu'il n'y ait pas de scission entre la vie spirituelle et le travail ?" Et en fait, lentement, j'ai découvert que le travail pouvait et devait devenir prière silencieuse : *Ora et labora !* »

Pour autant, lorsqu'on lui demande s'il n'a jamais pensé à la vocation bénédictine, la réponse tombe tout net, sans équivoque :

« Jamais ! Ce n'était pas pour moi. Quand, à l'âge de quinze ans, vingt ans, vingt-cinq ans, je fréquentais régulièrement l'abbaye de Saint-Benoît-du-Lac, il était clair qu'au bout d'un week-end, ou de trois jours au plus, il était dangereusement temps que je revienne ! »

Si l'on doit parler de vocation pour J.-Robert Ouimet, il est évident que la sienne est d'être un homme d'action, mais un homme d'action obsédé par le besoin de vie intérieure et de contemplation. Singulier paradoxe, mais caractéristique d'une personnalité hors du commun.

Beaucoup l'auraient vu également embrasser la carrière professorale, à commencer par son père qui voyait son fils prendre goût aux études.

« Après HEC, j'ai travaillé deux ans avec lui à l'usine, pas à la production mais dans l'administration. Cela a été une époque formidable. J'ai envoyé des rapports à mon père. On parlait. Il me laissait toujours carte blanche dans une totale et belle confiance. Au terme de ces deux années, je suis allé le voir, et je lui ai dit : "Je pense sérieusement à reprendre des études !" Il n'a pas été surpris. Je suis donc allé à Fribourg et j'ai connu des moments exaltants. Je travaillais dur, avec de rares retours au Canada pour l'été. Pendant toute cette période en Suisse, je ne suis pas allé une seule fois faire du ski ! Avant de revenir, une fois ma licence de sciences politiques et sociales achevée et obtenue avec la mention *Magna cum laude*, j'ai prévenu mon père : "J'aurai besoin de te parler de quelque chose de très important." Il me renvoie un message en Suisse : "Viens. On ira ensemble à la pêche dans le Nord..." Je déteste la pêche ! Mais nous y sommes allés et le soir, au camp de pêche, je lui ai dit : "Pendant les deux ans où j'ai travaillé avec toi, j'ai vu tellement de défis auxquels je n'ai absolument pas de réponse, que j'ai besoin d'aller chercher certaines de ces réponses-là. J'arrive de New York, je suis accepté à Columbia pour faire un MBA. Je suis aussi accepté à Harvard, mais je préfère Columbia parce que c'est à New York et que New York, c'est le milieu des affaires et des grandes entreprises. Si tu es d'accord de m'accorder encore dix-huit mois, je pourrais commencer en septembre." On était à la fin de juillet. Il m'a regardé. Il s'est mis à pleurer et il m'a dit : "Mon fils, je pleure parce que j'avais vraiment la conviction que tu deviendrais professeur ou prêtre. Mais si tu veux aller faire ton MBA, cela veut dire que tu veux vraiment faire partie de l'entreprise." J'ai répondu : "Papa, je n'ai jamais pensé à autre chose que de venir dans l'entreprise. Prêtre, je n'ai jamais senti que j'étais appelé à cela. Je suis probablement appelé à devenir père de famille, mais certainement pas père de paroisse ! Et ce serait un privilège pour moi de revenir dans l'entreprise après Columbia peut-être un peu mieux équipé que je ne le suis maintenant." Il pleurait toujours et il a dit : "Je suis tellement heureux ! Bien sûr que tu peux y aller !" C'est pour cela que ces dix-huit mois d'études ont été extraordinaires : j'allais chercher des réponses à des questions concrètes, à des problèmes de gestion de l'organisation que j'avais rencontrés et auxquels je n'avais pas eu de réponse ou de solution ! »

Vocation d'homme d'entreprise enracinée dans la volonté d'apporter des solutions nouvelles à la problématique de la place de l'homme dans l'entreprise et au sens du travail humain. Une vocation d'homme d'action qui ne néglige pas pour autant la réflexion mais nourrit l'action de la réflexion.

« Je suis né chef »

Mais vocation aussi de chef, découverte et confirmée assez tôt au cours de ses études à HEC Montréal. Lors de la semaine sainte de 1953 – il avait 19 ans tout juste –, il prend l'initiative audacieuse de proposer à ses camarades de venir faire une retraite à l'abbaye de Saint-Benoît-du-Lac. Contre toute attente, une dizaine de volontaires se proposent. Le jeune J.-Robert organise tout, dans les moindres détails, mais… omet d'annoncer le groupe à l'hôtellerie de l'abbaye. Qu'à cela ne tienne, moyennant le bris d'une vitre, il invite généreusement ses amis dans la maison de son oncle, située à proximité de l'abbaye ! Le lendemain, vendredi saint, il convainc tous ses camarades de participer à l'office du vendredi saint et tous ensemble ils choisissent librement de se confesser à Dom Vidal. Quant à lui, il demande à Dom Vidal la permission de revenir le voir régulièrement. C'est ainsi que Dom Vidal devient son premier père spirituel. Une histoire qui durera trente ans...

> « Avec cette retraite à Saint-Benoît-du-Lac, c'était la première fois de ma vie que je rassemblais des personnes autour d'un projet. Et je me suis aperçu que cela leur plaisait bien et qu'ils n'avaient aucune difficulté à me laisser mener les affaires. Et surtout que j'aimais çà parce que, à l'évidence, je suis né chef... Cela a été le début de tout un processus d'épanouissement à travers l'exercice des responsabilités managériales. »

Une vocation précoce au mariage

Ce dont n'a jamais douté J.-Robert Ouimet c'est d'être appelé à se marier et à fonder une famille. Cet appel ne s'enracine pas dans une « envie » du mariage mais dans la certitude spirituelle d'y être destiné.

> « Dès l'âge de 10-12 ans, j'ai su que j'étais appelé au mariage et que je devais sérieusement me préparer à fonder une famille. Et je me souviens très bien que dès cet âge-là j'ai commencé à dire chaque soir un Ave Maria – un seul, pas quarante, mais fidèlement, tous les soirs – pour demander à la Vierge de me protéger, de me guider, pour en temps opportun identifier et choisir celle qu'elle m'avait destinée pour fonder une famille. Ce qui est arrivé à peu près vingt ans plus tard, à l'âge de 30 ans. »

Il ne s'agit pas là d'un simple vœu pieux d'enfant. La certitude d'être appelé à se marier et fonder une famille se traduit très concrètement dans le choix de ses relations féminines par une détermination rigoureuse au regard des exigences de ce à quoi il se sait également appelé comme futur chef d'entreprise. Et c'est en fonction de ces « grandes choses » auxquelles il se sait destiné qu'il établit ses critères de discernement à l'égard des « candidates » potentielles. Il est clair que l'élue devra d'abord témoigner des qualités requises pour une femme de chef d'entreprise...

« À chaque fois que j'ai commencé à sortir avec des jeunes filles, je me demandais, dès les deux ou trois premières sorties : "Est-ce que c'est la femme qu'il me faut ?" En quelque sorte, j'étais "aux aguets" ! Et si la réponse n'était pas évidente, si j'identifiais telle ou telle limite majeure – non, elle n'a pas la force spirituelle dont j'ai besoin ; non, elle n'est pas assez maternelle ; non, elle est trop cérébrale ; non, elle a un ego trop développé ; non, je sens chez elle trop d'orgueil ou de vanité ; non, elle aime trop le confort matériel à mon goût... – alors je cessais les relations avec cette personne, bien sûr afin de ne pas perdre de temps, mais, encore plus important, afin d'être avec cette personne très honnête et franc. Et c'est sans doute, d'une part grâce aux Ave Maria quotidiens, et d'autre part grâce aux efforts d'honnêteté rigoureuse dans la "gestion" de mes relations féminines que je n'ai jamais couché avec une femme avant de me marier... »

« C'était la femme qu'il me fallait ! »

Comment, dès lors, ne pas épouser une fille de chef d'entreprise ! C'est ce qu'il fait en 1965 avec Myriam Maes. Myriam est née en 1935 à Tielt, en Belgique, une petite ville située à une trentaine de kilomètres au sud-ouest de Bruges. Elle est la fille d'un industriel du textile, lui-même fils d'industriel, et d'une mère également fille d'industriel. Elle vit son enfance à Tielt dans le château familial et reçoit de ses parents une éducation profondément chrétienne qui se prolonge à Bruxelles à l'Institution de la Vierge fidèle, école catholique réputée et fréquentée par les jeunes filles des milieux bourgeois et aristocratiques belges. Son père l'associe très tôt à ses affaires en lui confiant certaines missions qui sont pour elle l'occasion de s'initier à l'entreprise, de découvrir le monde des affaires et la complexité des organisations. Elle se trouve donc tout particulièrement préparée à entrer à la faculté de management de l'université de Louvain pour y préparer son baccalauréat en commerce et administration. En suite de quoi elle entre au service d'un ministre belge dans le cadre du Marché commun, ce qui deviendra plus tard la Communauté européenne.

C'est en 1962 qu'a lieu leur première rencontre, à Santiago du Chili, à l'occasion d'un congrès de l'Uniapac[1]. Le père de Myriam devait faire une intervention lors de ce congrès international de chefs d'entreprise catholique mais, tombé malade et empêché de s'y rendre, il s'y était fait représenter par sa fille.

« À mon arrivée à Santiago, quelques jours après l'arrivée de tous les autres membres du congrès, un aumônier de l'Uniapac qui me connaissait bien me dit : "J'ai rencontré une jeune femme très bien, Myriam Maes. Elle fait partie de la délégation belge. Vous auriez peut-être intérêt à faire sa connaissance." Comme je n'ai jamais eu d'objection à rencontrer de jolies femmes, j'acquiesce bien volontiers et lui demande de nous présenter... Le point tournant des quelques rencontres qui ont eu lieu à Santiago et à Buenos Aires s'est produit à l'étape suivante, au Brésil, au cours du voyage de retour Rio-New York qui devait durer douze heures. Dans l'avion, je n'ai pas hésité à suggérer à la voisine de siège de Myriam de me céder sa place en échange de la mienne ! Elle a gentiment accepté. J'ai mangé au cours du vol tout ce que Myriam ne mangeait pas et nous avons parlé quasiment tout le temps ! À l'arrivée à New York, je savais qu'elle avait les qualités que je cherchais comme femme, comme future

---

1. L'Uniapac était l'Union internationale des associations patronales chrétiennes, devenue maintenant *International Christian Union of Business Executives*.

mère et comme épouse de chef d'entreprise. J'en avais tout à la fois l'intuition spirituelle et la conviction rationnelle : c'était la femme qu'il me fallait ! Nous nous sommes revus plusieurs fois ensuite, dans nos familles respectives, au Canada et en Belgique et finalement, à l'automne 1964, Myriam est venue avec son directeur spirituel, l'abbé Froidure, à Saint-Benoît-du-Lac. Nos deux directeurs spirituels ont parlé ensemble. C'était une mise en scène fascinante ! Cinq mois plus tard, à Pâques, nous nous fiancions à Saint-Benoît-du-Lac... Quelques semaines plus tard, je rachetais l'entreprise à mon père, juste avant de nous marier, en Belgique. Puis ce fut notre mémorable voyage de noces en Terre sainte. C'était l'année des grands événements, 1965. »

D'ordinaire, on parle peu des femmes de chefs d'entreprise. À moins qu'elles ne soient chefs d'entreprise elles-mêmes ! De même que l'on parle peu des femmes des hommes politiques à moins que ces derniers ne soient chefs d'État. Quelle injustice, à la réflexion, quand on considère ce que signifie de sacrifice, de renoncements, d'abnégation, le fait d'être épouse d'un dirigeant que sa mission détourne plus qu'il n'est raisonnable de sa vie familiale ! Et quand on prend la mesure de ce que leur doit souvent l'entreprise à travers les conseils donnés, le soutien accordé, les sacrifices consentis. J.-Robert Ouimet a conscience de ce qu'il doit à son épouse et de ce qu'il a exigé d'elle, souvent, trop souvent peut-être.

« Nous sommes mariés maintenant depuis plus de quarante ans et je dois reconnaître que durant les vingt premières années de notre mariage j'ai très mal vécu la conciliation entre ma vie de chef d'entreprise et ma vie d'époux et de père de famille. Et je dois rendre hommage à mon épouse qui durant ces vingt années a assumé pratiquement seule les charges de notre foyer et l'éducation de nos quatre enfants qui sont nés rapprochés – quatre en cinq ans ! – avec un mari souvent absent, ou lorsqu'il était présent n'était pas vraiment là, perpétuellement absorbé par la gestion de ses affaires. Aujourd'hui, lorsque j'interroge mes enfants sur ces vingt premières années, ils me répondent : "Tu étais là, mais tu n'étais pas vraiment *là*." Ils se souviennent que pour l'essentiel leur éducation affective et morale a été faite par leur maman. Cela me fait très mal, mais cela purifie mon orgueil et me confirme dans la conviction que Myriam a été la clef de voûte de notre mariage et de notre famille. C'est elle qui a permis que cela tienne bon. Elle a vraiment vécu une vie de sacrifice : celui de quitter l'Europe, sa famille, ses amis, ses relations ; celui de sa vie professionnelle qui s'annonçait prometteuse. Tout cela pour se consacrer à la carrière de son mari et à l'éducation de nos enfants. Quel don d'amour ! »

Pour autant, toute donnée qu'elle a été à la gestion du foyer et à l'éducation des enfants, Myriam n'en a pas moins été étroitement associée à la marche de l'entreprise. Membre du conseil d'administration de l'entreprise pendant près de quinze ans, elle y pose les bonnes questions – celles qui dérangent… – et y fait valoir son solide sens du management et de la gestion économique. Elle met à profit son grand talent relationnel pour organiser des réceptions fameuses qui restent dans les annales de l'entreprise et sont pour beaucoup dans son rayonnement social. Elle participe aux entretiens finaux de recrutement de plusieurs dirigeants de haut niveau pour l'entreprise et atteste à cet égard d'une remarquable intuition qui sera à plusieurs reprises vérifiée par l'expérience. En somme, elle est pleinement épouse de chef d'entreprise, se sentant concernée par la bonne marche de l'affaire tout en s'interdisant une implication trop insistante qui aurait pu être interprétée comme de l'indiscrétion.

La grandeur de l'amour humain

La réussite de la vie conjugale de J.-Robert et de Myriam est le fruit de cette exigence mutuelle : le respect inconditionnel de la femme de sa part à lui et l'acceptation de la vocation d'épouse et de mère de famille de sa part à elle. J.-Robert Ouimet avait nourri cet idéal de l'amour humain aux meilleures sources : celle de la lecture de *Ce que Dieu a uni*, le célèbre ouvrage de l'écrivain français Gustave Thibon, rencontré à Montréal dans les années 1950 à la faveur d'une tournée de conférences ; un livre qui a marqué des générations.

> « Ce livre, *Ce que Dieu a uni*, je le connais presque par cœur ! Gustave Thibon y expose avec une merveilleuse clarté et dans une langue admirable tout ce qui est nécessaire à la solidité du couple : la fidélité absolue, le pardon mutuel inlassable et surtout la prière ensemble. Sans prière partagée un couple ne peut pas durer. L'amour uniquement sensible ne résiste pas à l'usure du temps. »

Également la lecture régulière de la revue *L'Anneau d'or* animée par le père Henri Caffarel, fondateur des Équipes Notre-Dame, grand mouvement de spiritualité conjugale qui s'est développé en Europe et à travers le monde à partir de l'après-guerre, fondateur également en France, d'une école de prière à l'animation de laquelle il se consacrera exclusivement à la fin de sa vie. À ces sources se développe chez J.-Robert Ouimet un sens de la grandeur et de l'exigence de l'amour humain qui lui a permis de fonder son mariage sur le roc, de lui permettre de traverser les inévitables épreuves de la vie conjugale et familiale et surtout de résister au temps. Au moment de célébrer avec son épouse et ses enfants le quarantième anniversaire de leur mariage et de renouveler la promesse qu'ils se sont faite, c'est une véritable profession de foi en la vérité de l'amour à laquelle il se livre.

« Ce qui fait la solidité d'un couple, ce n'est pas l'entente physique et sexuelle. Faire l'acte sexuel, cela peut et cela doit devenir une prière…, et une des plus belles prières qui existent puisque de cette prière peut surgir la vie. Un corps humain est fait pour être offert à quelqu'un : une femme, un homme, Dieu. Même pécheur, Dieu habite en moi, et si je lui demande pardon, il m'habite encore plus. Donc mon corps c'est son corps ! Donc, mon corps c'est lui ; je suis lui ! C'est la raison fondamentale pour laquelle il nous faut respecter notre corps et le corps de l'autre. Mais la vie sexuelle avant le mariage rend aveugle. C'est probablement la raison majeure pour laquelle les couples divorcent si facilement aujourd'hui : il y a moins de résistance, moins d'exigence, moins de courage, moins de fidélité, et surtout il y a moins de capacité de pardon. Je suis convaincu – indépendamment de l'enseignement de l'Église catholique avec lequel je me sens en total accord, même s'il est exigeant et difficile à suivre – que la vigueur de l'amour entre deux personnes ne provient pas du sexe. L'entente sexuelle, c'est très beau et c'est nécessaire ! Mais ce n'est pas ce qui fait durer un mariage pendant de nombreuses années. Ce qui fait durer un mariage ce sont les valeurs humaines, morales et spirituelles que chacune des deux personnes dans le couple a reçues et décide en toute liberté de continuer à vivre et à nourrir : valeurs de compassion, d'accueil de l'autre, d'écoute, de courage, de détermination, de fidélité, et surtout valeur de pardon. Le cœur du mariage, le cœur de l'amour humain, c'est d'être capable de se pardonner ! C'est uniquement par cela qu'un mariage va durer. Le cœur de l'amour humain, c'est d'aimer vraiment l'autre, c'est-à-dire de vouloir d'abord son bien. Ce n'est pas d'abord : "Je t'aime parce que tu es à mon goût", ou : "Je t'aime parce que tu m'apportes ce dont j'ai besoin." Ce n'est pas mauvais en soi d'aimer quelqu'un parce que cette personne-là m'apporte ce dont j'ai besoin !

Mais l'amour vrai est bien davantage : c'est de vouloir rendre l'autre heureux, malgré toutes nos limites et nos faiblesses. Malgré mes considérables limites, malgré mes innombrables faiblesses, même si notre relation comme toute relation humaine a été imparfaite, je crois pouvoir oser dire que Myriam dirait aujourd'hui que j'ai réussi à la rendre heureuse, probablement beaucoup plus au cours de ces quinze dernières années qu'au cours de celles qui ont précédé. Et j'affirme sans hésiter que Myriam m'a rendu heureux à l'intérieur des limites humaines de notre couple. Cette fidélité dans l'amour, ce don inconditionnel de deux êtres qui se sont gardés l'un pour l'autre et qui, leur vie durant, n'ont cessé de se pardonner et de prier ensemble, c'est très beau. C'est le désir de Dieu ! »

4

Les sources de Notre Projet

Dans les milieux de l'entreprise, on connaît bien le « projet d'entreprise ». Souvent simple outil de communication externe destiné à promouvoir l'image de marque de l'entreprise auprès d'éventuels futurs collaborateurs ; parfois outil de communication interne visant à accroître la motivation des salariés en leur donnant le sentiment de participer à un projet commun. Mais bien rarement le projet d'entreprise vise à dire la finalité ultime de l'entreprise et à dessiner par là son identité. Dans les entreprises du groupe Ouimet, le projet d'entreprise s'inscrit clairement dans cette dernière perspective.

Un nom de code

Chez Ouimet, Notre Projet est presque un nom de code ! En fait c'est le nom donné depuis 1990 à un document original et évolutif qui vise à définir les différentes responsabilités de l'entreprise et de son personnel. À l'origine, au milieu des années 1970, ce document portait le titre de Notre Mission, mais il s'est avéré que cette première appellation avait un côté un peu trop « missionnaire » et celle de Notre Projet est apparue préférable. Ces responsabilités de l'entreprise s'étendent depuis celles que l'on reconnaît envers Dieu, créateur de l'univers, jusqu'à celles que l'on a à l'égard de la société et de la création tout entière en passant par celles envers les personnels et leurs familles, les clients de l'entreprise, ses fournisseurs, les cadres et dirigeants, le syndicat, les membres du conseil d'administration et les actionnaires.

Beaucoup plus qu'une simple charte, ce document reconnaît que le but premier de chaque personne qui œuvre dans l'entreprise est de gagner sa vie et d'apporter par son travail la sécurité, le bonheur et la joie à sa famille et à ses proches, mais que le second but doit être de contribuer à la rentabilité économique de l'entreprise, seule capable de permettre à chacun de conserver son travail et d'assurer la sécurité financière de chaque famille reliée à l'entreprise. Mais il énonce également qu'au-delà de ces buts légitimes il est un but ultime qui est de « participer et de continuer par son travail à la création de Dieu ». Pour cela, Notre Projet n'hésite pas à affirmer « qu'il faut que chaque être humain dans l'entreprise, chacun d'eux le faisant à sa façon, mette de plus en plus de silence et de prière dans sa vie » et ajoute que, pour peu que chaque personne dans l'entreprise se sente traitée avec justice et équité, « si cette croissance du silence, de la réflexion et de la prière existe dans l'entreprise, cela ne peut qu'engendrer bien-être, amour et pardon ». Tout cela porte la marque de J.-Robert Ouimet et exprime sa conception de l'entreprise et de toute l'économie qu'il veut au service de l'homme :

« Il y a tellement opposition continuelle et constante, rupture apparente ou réelle, entre le vécu de la croissance économique soutenue et toutes les décisions qui s'y rattachent, avec le bonheur des êtres humains individuellement ou collectivement ! C'est pour cela que la clef de voûte de notre vécu en entreprise est l'importance irremplaçable de la croissance du silence, de la réflexion et, pour les personnes intéressées, de la prière silencieuse et personnelle dans le milieu de travail. Sans cette croissance, l'opposition constante entre les règles de la croissance économique et celles du bonheur des êtres humains mènera à des conflits, des frictions et à toutes les choses que l'histoire économique et sociale nous enseigne. C'est cela la clef de voûte de notre projet d'entreprise. Ce n'est rien d'autre. Et si aujourd'hui, dans le Groupe Ouimet-Cordon Bleu-Tomasso, nous nous aimons plus les uns les autres que nous ne le faisions il y a cinq ou dix ans et que notre croissance économique, également depuis cinq à dix ans, s'est accélérée, c'est parce que, également pendant tout ce temps-là, il y a eu, dans des formes discrètes mais très belles, une croissance dans la vie de plusieurs d'entre nous, du silence, de la réflexion, du calme et, pour celles et ceux qui le voulaient, de la prière. Si jamais Notre Projet a apporté une contribution à la philosophie et à la politique économique et sociale, ce sera la preuve expérimentale de l'unité entre la croissance du silence, de la réflexion, du calme et de la prière silencieuse dans le vécu quotidien en entreprise économique d'une part et la croissance de la productivité et de l'efficacité dans la recherche des profits concurrentiels d'autre part. »

On comprendra qu'il s'agit là d'une quasi profession de foi, le cœur des convictions de J.-Robert Ouimet, ce à quoi il a consacré sa vie. Mais s'il s'agit d'une profession de foi, ce n'est pas une affirmation volontariste, en quelque sorte « illuminée » et déconnectée de l'expérience concrète de la vie de l'entreprise et des multiples contraintes qui s'imposent à elle en économie de marché. L'histoire de ce document Notre Projet, fruit d'une longue élaboration, en atteste d'ailleurs clairement, ainsi que la thèse de doctorat en

60

sciences économiques et sociales que J.-Robert Ouimet a consacrée à la question.

Le début du rêve

Au début des années 1960, époque à laquelle, après ses études à HEC et aux universités de Fribourg et Columbia, il commence à travailler dans l'entreprise paternelle, J.-Robert Ouimet n'était pas encore porteur d'un projet bien formalisé. De son aveu même, il n'avait à l'époque que le désir de continuer l'œuvre du fondateur, en accordant comme lui beaucoup d'importance aux personnes tout en ayant le souci du développement économique de l'entreprise et en gérant avec une discipline rigoureuse. Mais en même temps il était porteur d'un rêve, celui de parvenir à faire coïncider la prospérité économique de l'entreprise avec le bonheur humain et la sécurité matérielle de son personnel, et cela dès les niveaux le plus élémentaire de qualification. C'est la découverte qu'il fait dès l'été 1953 où, étudiant à HEC Montréal, il expérimente le travail en usine. Ce travail en usine, il l'aimera avec passion, même lorsqu'il s'agissait d'accomplir les travaux les plus difficiles comme le nettoyage de la « bouilloire », sorte d'énorme fournaise produisant la vapeur nécessaire à la cuisson et à la stérilisation des produits, dans laquelle il fallait descendre dans une chaleur infernale afin d'en retirer les résidus goudronnés. Accepté et apprécié par les employés, car ne ménageant pas sa peine tout fils du patron qu'il était, il goûtera cette solidarité et cette fraternité ouvrière et gardera de cette expérience au plus bas de l'échelle, un désir viscéral d'humanisation du monde du travail et un amour des plus simples car ce sont les plus fragiles.

« Pour la première fois de ma vie, je découvrais que j'étais avec des êtres humains qui m'estimaient, même si j'avais du pouvoir, qui me voyaient heureux de faire leur travail, et que j'étais capable d'être comme eux autres. Je me souviens de leurs regards quand ils me voyaient prendre le travail le plus dur. Et je ne pouvais m'empêcher de penser que le travail avait un sens à tous les niveaux de l'organisation et pour chaque personne œuvrant dans l'entreprise, très particulièrement à la base dans les usines, les entrepôts et les camions. »

Le marketing a une âme

Il découvre également que le marketing n'est pas seulement une technique uniquement destinée à faire davantage de profits, mais qu'il peut être ordonné à un meilleur service des consommateurs. Il en résulte une autre vision de la mission de l'entreprise.

« Je commençais à découvrir que notre entreprise était au service de personnes humaines et que cela voulait dire que nous avions à faire des produits qui les nourrissent correctement et à un prix abordable comparé à nos nombreux concurrents. Je commençais à déceler que les nombreux nouveaux produits que nous mettions au point étaient destinés à des personnes que nous devions servir et respecter ; que non seulement les personnels de l'entreprise étaient précieux, mais aussi les consommateurs qui étaient des personnes tout autant que les collaborateurs de l'entreprise. Et que par conséquent le marketing, la mise en marché, le développement de nouveaux produits, le contrôle de la qualité, avaient une importance qui était beaucoup plus qu'uniquement économique. Bref, que ceux qui consommaient nos produits étaient des êtres humains habités et aimés par Dieu. Je réalisais également que les humains qui consommaient les produits de nos concurrents perdaient un peu au jeu ! Et que cette conviction était de nature à nous donner une force particulière, spirituelle, pour consentir encore plus d'efforts afin de développer de nouveaux produits encore meilleurs, bien sûr pour enlever des parts de marché à nos concurrents – il n'y a rien à redire à cela dès lors que la qualité et les prix sont corrects – mais aussi pour rendre un meilleur service aux consommateurs. Voir les choses comme cela, c'est une manière de donner une âme au marketing. Finalement le marketing peut vraiment être géré à la manière de Jésus-Christ. Et par conséquent tout dans l'entreprise – le contrôle de la qualité, la recherche et le développement, la planification stratégique, le développement humain, la gestion des finances et de la comptabilité, la mise en marché de nouveaux produits, le retrait d'anciens produits... – peut être géré à la manière de Jésus-Christ. »

Et donc qu'il est possible de donner un sens au management, à la gestion, à la recherche du profit et de l'efficacité économique, un sens humain, moral, spirituel et religieux dans un vrai climat de respect de la liberté de chacun. En un mot en faire un service de l'humain et un service de co-création avec Dieu.

« Cesser d'en parler, mais faire ! »

J.-Robert Ouimet a toujours eu un désir profond de vivre la doctrine sociale de l'Église au quotidien, cette doctrine qu'avait su lui faire découvrir et aimer Marcel Clément durant ses études à HEC Montréal et dont Notre Projet a l'ambition d'être une possible incarnation concrète.

« Quand en 1965, l'année de mon mariage, j'ai racheté l'entreprise à mon père après avoir obtenu mon MBA à l'université de Columbia et travaillé durant quatre années dans l'entreprise à différents postes, je voulais vivre de mon mieux – avec toutes mes fragilités mais de tout mon cœur – la doctrine sociale de l'Église. Je voulais découvrir comment, dans le quotidien, vivre la doctrine sociale catholique, de la foi, l'espérance et l'amour, de la prière, de l'eucharistie, en milieu de travail, dans un climat de saine, totale liberté individuelle et collective. Cette volonté était viscéralement présente en 1965, même si ce n'était pas aussi précis que je viens de l'exprimer. »

Cette doctrine, inaugurée par l'encyclique de Léon XIII, *Rerum Novarum*, en 1891, et régulièrement développée et actualisée depuis par ses successeurs à travers leurs encycliques sociales, J.-Robert Ouimet la connaît bien. Il est convaincu de son bien fondé et de sa portée universelle, indépendamment de l'option confessionnelle des personnes car elle est fondée sur ce qu'il y a de plus universel dans la nature humaine. Dès lors, elle peut être considérée comme une sagesse universelle d'action.

« Toute personne intéressée par le bonheur humain et la chose économique, qu'elle soit athée, agnostique, très croyante, ou peu croyante, de quelque religion ou tradition philosophique qu'elle soit, aurait tout intérêt à lire ces documents publiés par l'Église catholique depuis plus de cent ans. Nulle autre religion ou philosophie depuis que l'être humain existe n'a publié un résumé aussi magistral sur la philosophie et la façon de vivre dans le milieu économique et social. »

Mais ce qui lui importe, c'est de pouvoir vivre cette doctrine concrètement, au quotidien, de trouver les moyens de l'incarner dans le vécu réel de l'entreprise. Et il déplore que beaucoup de responsables d'entreprise se contentent de discourir sur cette doctrine sans indiquer suffisamment comment il est possible de la vivre concrètement.

« Je me souviens notamment d'avoir participé à un congrès de l'Uniapac à Lucerne en juin 1959, lors de mes études de sciences économiques et sociales à Fribourg. J'y avais entendu plusieurs chefs d'entreprise remarquables – notamment Léon Bekaert, l'un des plus importants industriels du Bénélux à l'époque – expliquer comment ils essayaient de régler les choses avec les syndicats, comment ils tentaient d'être plus justes et équitables et invoquer un tas de beaux principes de la doctrine sociale catholique… Je me souviens très bien que quand j'ai pris mon auto pour revenir de Lucerne à Fribourg, je me suis dit ceci : "Il faut trouver des moyens concrets, simples, pratiques, pour actualiser tout ça, pour cesser d'en parler et pour le faire réellement, chaque jour, au quotidien ! Trouver de petites activités très simples, qui mises bout à bout, vont faire qu'on vivra notre gestion chaque jour davantage, aujourd'hui plus qu'hier, cette année plus que l'année passée, à la manière de Jésus-Christ !" Et il me faut reconnaître que je n'ai jamais rencontré un chef d'entreprise – je ne dis pas qu'il n'y en a pas, mais simplement que je n'en ai pas rencontré – qui soit en mesure de décrire un modèle de management susceptible d'actualiser au quotidien l'œuvre de la doctrine sociale de l'Église. C'est pourtant cela l'objectif : cesser d'en parler mais actualiser et vivre au quotidien cette doctrine sociale ! »

Cette obsession de trouver comment réaliser dans le concret quotidien de la vie de l'entreprise les grands principes de la doctrine sociale de l'Église sur la dignité de la personne humaine et sur la finalité du travail humain, est précisément ce qui va donner lieu à l'expérimentation de moyens très simples dans le cadre de Notre Projet. Des moyens qui seront testés et évalués et dont les résultats seront quantifiés scientifiquement au cours des années, en faisant de nombreuses erreurs, en tâchant de les corriger, de telle sorte qu'au terme de plus de quarante ans d'expérimentation, il est possible de dire que les moyens mis en œuvre dans le cadre des outils de management humain de Notre Projet correspondent à un processus, un modèle concret et valide, vérifié par deux sortes d'enquêtes scientifiques biennales, l'une portant sur le climat organisationnel de l'entreprise, l'autre sur les valeurs véhiculées par les activités spécifiques de management humain. Ce processus est susceptible d'être mis en place dans de nombreuses entreprises moyennant quelques ajustements à la situation particulière de chacune. En bref, tout sauf un système d'idées, mais un système et un modèle d'action.

Le « Cinquième Évangile »

Plus profondément, dans un registre presque mystique, la source de Notre Projet se trouve de manière assez étonnante dans les nombreux voyages en Terre sainte que J.-Robert Ouimet a eu le privilège d'effectuer. Seize au total à ce jour depuis le premier qu'il accomplit en 1958 alors qu'il était étudiant à l'université de Fribourg. C'est là qu'il découvre l'humanité et l'extraordinaire humilité de Dieu en Jésus-Christ. Autrement dit que le Christ n'est pas une idée ou une abstraction, mais qu'Il est présent à ses côtés, comme un ami chaque jour, dans une totale proximité. Cette proximité, il la vit chaque jour dans l'eucharistie – on y reviendra plus loin. Mais c'est l'expérience renouvelée de la découverte concrète du Christ sur la terre qu'Il a connue, où Il a vécu, peiné, aimé, qui ancre la présence du Christ dans sa vie de chaque instant et lui rend impossible la perspective de vivre un seul des instants de sa vie sans être pénétré de la présence réelle et concrète du Christ à ses côtés.

> « Lorsque je jette un regard rétrospectif sur ces seize voyages en cette Terre sainte qui est vraiment le phénoménal "Cinquième Évangile", il est évident pour moi que le Christ m'a par là lentement, patiemment apprivoisé. Le Christ a bien voulu, lentement se rapprocher de moi. Ce n'est pas moi qui me rapprochais de lui ; je n'en suis

pas capable. Mais c'est lui qui se rapprochait de moi. Il est tellement à l'écoute, Il est tellement compassion. C'est un être extraordinaire ! C'est un Dieu extraordinaire, mais qui est humain ! Et le résultat de tous ces voyages, c'est que je le sens, physiquement, réellement, concrètement, plus que jamais constamment présent dans chaque instant de ma vie, même les instants qui ne sont pas "beaux". C'est une grâce phénoménale que je n'ai jamais demandée car je n'aurais jamais cru que c'était possible. En Terre sainte, vraiment, je le dis le plus simplement possible, j'ai découvert mon meilleur ami. C'est tout ! Mais je n'ai aucun mérite à cela. Du plus loin que je me souvienne, c'est-à-dire depuis l'âge de 5 ans environ, j'ai toujours eu un besoin viscéral de le connaître mieux. »

Dès lors il lui est impossible de considérer son rôle et sa mission de chef d'entreprise et de père de famille indépendamment de la présence concrète et constante du Christ dans sa vie. Il lui fallait impérativement unifier ce qui dans la vie de beaucoup de chefs d'entreprise ou de dirigeants est souvent dissocié : la vie professionnelle et la vie spirituelle. Et il lui fallait trouver les moyens de proposer également cet idéal d'unité de vie à tous ses collaborateurs de l'entreprise, les membres du conseil d'administration, les gestionnaires et tout le personnel. C'est ce à quoi s'emploie Notre Projet, un document qui veut exprimer un projet commun et novateur de vie d'entreprise, qui a même l'ambition d'être un projet révolutionnaire.

Vingt-huit années de maturation

Ce document connaîtra plusieurs versions depuis la première, rédigée en 1980, qui énonce les responsabilités humaines, morales, économiques, sociales, spirituelles et religieuses de l'entreprise et de son personnel. Une deuxième version du document sera établie à la suite de la première rencontre de J.-Robert Ouimet avec Mère Teresa en 1983. Apparaîtra alors la devise de l'entreprise inspirée par Mère Teresa : « *Orare ad gerendum in Deo* – Prier pour gérer en Dieu ». D'autres rencontres avec Mère Teresa, à Calcutta, Rome, New York, Washington et par deux fois à Montréal, l'échange avec elle d'une abondante correspondance, sa visite de l'entreprise le 15 octobre 1988, aboutiront, cette même année 1988, à une nouvelle version du document après qu'elle aura été révisée en comité par tous les membres du conseil d'administration et du management. En 1990, paraît une version abrégée et en 1993, à l'occasion du soixantième anniversaire de la fondation de l'entreprise, le document reçoit le titre de : *Notre Projet, croissance simultanée du bonheur humain et de la rentabilité économique*, titre qui se substitue au titre initial de : Notre Mission. Ce titre signifie la volonté d'appropriation du projet par tous les membres du personnel, les mots Notre Projet exprimant ce qui était vécu et recherché ensemble depuis de nombreuses années. Notre Projet, parvenu ainsi à maturité au terme de près de trente années de vécu et d'expérimentation, devient dès lors une sorte de proclamation emblématique de toute la communauté d'entreprise.

5

Le cœur de Notre Projet

Comment gérer une entreprise à la manière de Jésus-Christ, plus encore, avec Jésus-Christ ? Voilà, sans plus de détours, la question à laquelle se propose de répondre Notre Projet. En termes moins brutaux, comment concilier le bien-être des hommes et des femmes au travail avec les exigences de la rentabilité et du profit qui sont impératifs de la survie et du développement de toute entreprise économique ? Défi monumental lorsque l'on considère comment l'histoire économique, depuis la révolution industrielle a été dominée plus souvent par l'exploitation de l'homme par l'homme dans une logique de pur profit. Y a-t-il moyen d'y échapper sans verser dans l'utopie et en maintenant les exigences de la compétitivité ? C'est précisément ce à quoi Notre Projet tente de s'appliquer par des moyens très concrets, fort simples et même davantage : des moyens d'une grande humilité.

Deux anthropologies en concurrence

L'entreprise voit en effet se concurrencer deux anthropologies : une conception purement économique de l'homme et une conception exagérément humaniste. Dominée par le paradigme de l'*homo economicus*, la première ne voit en l'homme qu'un simple instrument au service de la production. Son objectif final est le profit maximal, souvent au détriment des personnes qui n'ont de valeur qu'en tant que ressources – « human capital » – à exploiter pour le compte du projet économique. C'est cette anthropologie qui tend à s'imposer universellement aujourd'hui, portée qu'elle est par le courant de la mondialisation économique. Certes, une entreprise ne fonctionne pas sans moyens humains, mais l'entreprise peut-elle être considérée uniquement comme un lieu de production et de profit ? La seconde voit en l'homme un être doté de besoins qu'il convient de prendre en compte, d'une subjectivité à écouter, d'une richesse personnelle à développer, au point d'oublier parfois que la rentabilité de l'entreprise est la première condition de sa survie. Dans un excès de philanthropie, elle veut tant faire pour l'homme qu'elle s'expose à négliger les réalités et les contraintes de la vie économique. Et ces réalités peuvent rappeler douloureusement à l'ordre car l'entreprise n'est pas exclusivement un lieu de développement personnel.

Là est tout le défi qu'ose relever Notre Projet : dépasser l'opposition de ces deux anthropologies et concilier en vérité la croissance durable du bonheur et de l'épanouissement humain des personnes dans leur milieu de travail et la rentabilité concurrentielle soutenue de l'entreprise, donc la réalisation de profits qui sont la condition de sa survie et de son développement. Un objectif simple à exprimer, extrêmement complexe et risqué à réaliser. Un objectif terriblement exigeant également, car il requiert une parfaite intégrité des dirigeants pour ne pas céder à la tentation de la manipulation.

Les deux « SIOM »

C'est pourquoi Notre Projet met en regard deux Systèmes intégrés d'outils de management (SIOM) et c'est là sa première originalité. Le premier système, le SIOM Économique, est fort classique et bien connu :

« En Occident, en particulier, dans toutes les grandes écoles de gestion, au cours du dernier demi-siècle s'est développé un Système intégré d'outils de management économique en mesure d'augmenter au fil des années l'efficacité de toute organisation ne fonctionnant pas en économie de marché et la rentabilité concurrentielle de celles fonctionnant en économie de marché. Les principales étapes de ce SIOM Économique sont la planification, l'organisation, la coordination, la motivation et le contrôle. Si ces étapes sont rigoureusement suivies, alors la probabilité de la croissance durable de l'efficacité, et s'il y a lieu, de la profitabilité concurrentielle, sont considérablement accrues. Ce SIOM Économique, celui du marché libre conceptualisé par Adam Smith, l'humanité a mis plusieurs milliers d'années pour en accoucher et l'on peut dire qu'il est aujourd'hui extrêmement performant, qu'il est fort bien enseigné dans toutes les Business Schools du monde et parfaitement intégré par tous les managers. L'homme sait produire toujours plus, toujours mieux et avec toujours moins de frais. La production de biens est actuellement plus considérable que tous les biens jamais produits depuis que l'homme est homme ! »

Dans ce système la dimension humaine n'est considérée que du point de vue économique : on parle de ressources humaines pour la gestion des personnes comme on parle de ressources matérielles pour la gestion des actifs financiers. L'humain n'est considéré que dans son rapport à la productivité. C'est là que se situe pour J.-Robert Ouimet la source fondamentale du déséquilibre humain de nos économies de marché. L'originalité de Notre Projet est donc de compléter et d'équilibrer ce système par un autre système, généralement négligé ou ignoré, le SIOM Humain, qui vise à mettre en place dans l'entreprise un ensemble d'outils de management organisés en système et favorisant l'épanouissement de toute la personne dans son milieu de travail.

> « Ce système non économique vise à donner progressivement un sens à la vie des humains au travail et une joie de vivre qui se remarque. Il est capable d'apporter en milieu de travail, et par ricochet dans les familles, des valeurs profondément humaines, qui souvent sont peu présentes, non seulement dans le milieu de travail mais également dans les familles. Et ces valeurs sont en mesure de contribuer progressivement à l'épanouissement des personnes qui œuvrent dans toute entreprise ou organisation. »

Ce SIOM Humain a été lentement élaboré et patiemment expérimenté au long des années dans les entreprises Ouimet et il donnera finalement la matière de la thèse de doctorat que J.-Robert Ouimet soutient à l'université de Fribourg en 1997. Mais c'est quarante ans plus tôt, au terme des deux années qu'il passe à travailler dans l'entreprise aux côtés de son père après ses études à HEC Montréal, qu'il en a la première intuition. C'est d'ailleurs ce qui le conduit à l'époque à demander à son père de poursuivre des études en sciences économiques et sociales à l'université de Fribourg.

> « Il m'a demandé pourquoi je choisissais les sciences économiques et sociales. Je lui ai dit : "J'aimerais mieux comprendre la gestion de l'humain dans l'organisation en même temps que la gestion et que l'économique. Je connais un peu le fruit économique de l'organisation, et les techniques scientifiques qu'on doit utiliser non seulement pour ne pas aller en faillite, mais pour se développer. Mais j'ai besoin de comprendre davantage en profondeur ce qu'est l'homme, ce qu'il y a dans sa nature, et comment on peut s'y prendre pour gérer l'organisation de façon humaine, morale et spirituelle, pour le bien-être de tous les humains, comme nous le demande la foi catholique." C'était vraiment l'embryon de ma thèse : les deux SIOM, le SIOM Économique et le SIOM Humain. »

Les outils de management humain et les valeurs induites

Les outils de management humain, dont l'ensemble constitue le SIOM Humain, sont des activités dont la simplicité et l'humilité peuvent surprendre au premier abord. Mais l'expérimentation menée pendant plus de quarante ans dans les entreprises du groupe Ouimet a prouvé scientifiquement, au moyen d'outils de mesure appropriés, que l'action combinée de ces activités était susceptible d'engendrer durablement des valeurs qui contribuent à l'épanouissement des personnes dans leur milieu de travail.

> « Lorsque l'être humain s'épanouit au travail, il se produit deux choses fondamentales : d'une part, l'épanouissement au travail permet aux personnes qui retournent dans leurs familles et dans leurs milieux de vie sociale d'apporter et de communiquer plus de bonheur et de

bien-être dans ces milieux ; d'autre part, l'être humain qui s'épanouit au travail est plus en mesure et désire plus librement participer à la croissance de l'efficacité de l'organisation ou à la rentabilité de l'entreprise en économie de marché. »

Les valeurs véhiculées à différents degrés d'intensité par le SIOM Humain ont été au long des années identifiées et classées sous douze thèmes : la dignité et la liberté, la paix et la sérénité, la fraternité et la solidarité, l'humilité, la vérité et l'authenticité, la prudence et le discernement, l'écoute et la sagesse, la justice et l'amour, la foi et l'espoir, la responsabilité et le courage, le pardon et la réconciliation, l'efficacité et la productivité. Il est clair que l'ensemble des valeurs engendrées ou promues par les activités de management humain rejoignent les grands fondements de la doctrine sociale de l'Église que le pape Benoît XVI a encore rappelés lors d'une récente allocution à la session plénière de l'Académie pontificale des sciences sociales : la dignité de la personne humaine, le principe de subsidiarité (promotion de la responsabilité aux niveaux les plus élémentaires), le bien commun (justice à l'égard de la communauté dont on fait partie) et la solidarité.

Trois grandes catégories de valeurs ont été également établies : les valeurs d'humanisation, les valeurs de spiritualisation et les valeurs mixtes d'humanisation et de spiritualisation.

« Les valeurs d'humanisation contribuent à l'épanouissement de chaque personne humaine dans son développement individuel et dans ses relations avec les autres. Elles participent, de façon irremplaçable, à la promotion de sa dignité en faisant appel à ses pouvoirs de connaissance, d'affection et de sociabilité pour réaliser son projet de vie et les buts qu'elle se fixe, au quotidien comme à long terme. Elles permettent de mieux supporter les obstacles et les difficultés inévitables dans toute vie humaine. Les valeurs de spiritualisation contribuent à l'accomplissement de chaque personne dans son désir d'unifier sa vie et de lui donner un sens. Elles soutiennent un effort de dépassement de soi orienté vers l'absolu ou Dieu Amour qui a mis au cœur de chaque personne humaine une exigence intérieure de perfection et une soif d'infini. Elles ouvrent ainsi le chemin de la croissance du bonheur véritable et durable. Les valeurs mixtes, comme leur nom l'indique, contribuent à la fois à la recherche d'accomplissement individuel et relationnel de la personne et à sa recherche de sens de la vie. »

Quant aux activités des outils de management humain, elles ont été classées en trois genres, selon qu'elles engendrent surtout des valeurs d'humanisation (premier genre), des valeurs mixtes d'humanisation et de spiritualisation (deuxième genre) ou surtout des valeurs de spiritualisation (troisième genre). Toutes ces activités ont lieu pendant le temps de travail rémunéré et chacun est libre d'y participer ou non sans que cela influe sur l'appréciation de ses qualités professionnelles.

Dans les activités du premier genre (valeurs d'humanisation), on trouve les activités suivantes :

— **Un geste** : certains membres du personnel sont mis à contribution dans un contexte de partage. Le geste peut prendre plusieurs formes : le service de repas aux itinérants, dans un hôpital ou une prison, une collecte de vêtements, de jouets ou de nourriture pour les distribuer ensuite à des personnes dans le besoin... Naturellement, aucune référence n'est faite aux marques commerciales de l'entreprise. Cette activité qui a lieu une fois par an est immédiatement suivie par un temps de partage et d'échange entre les participants. Ce partage transfigure rapidement les rapports humains dans l'entreprise. Les participants à cette activité en reçoivent notamment les valeurs de fraternité, de primauté de la dignité humaine, de courage, d'humilité, d'espoir et d'amour. J.-Robert Ouimet se rappelle avoir expérimenté cette activité avec trois de ses hauts managers et Mère Teresa :

« J'ai dit à Mother : "Je vais emmener trois gars. On aimerait servir des repas avec vous aux démunis dans le Bronx." Alors j'ai emmené trois de nos vice-présidents ! Dans ce quartier là, c'est tellement démuni et dangereux que les taxis de New York refusent de vous y conduire sauf si vous leur donnez un très gros pourboire. Alors, elle nous a emmenés là et nous sommes allés servir les repas avec Mother aux gens de la rue, comme nous le faisons à Montréal chez les Missionnaires de la Charité, à l'Accueil Bonneau, dans les hôpitaux et les prisons. Cela a été une expérience phénoménale, pour moi en particulier, mais aussi pour les trois hauts responsables qui travaillaient avec moi. Ils ont vu pour la première fois Mother, en personne, en *real action* dans son amour des plus pauvres ! Quand on eu la chance d'être témoin de cela, on ne regarde plus les personnes de la même manière. »

— **L'entrevue finale de pré-engagement ou « repas à quatre »** : avant de prendre la décision finale de l'engagement, le gestionnaire qui doit recruter un collaborateur reçoit le candidat finaliste pour un repas. Le recruteur et le candidat sont accompagnés de leurs conjoints respectifs. La liberté des personnes est cependant respectée : selon les circonstances, le gestionnaire comme le candidat finaliste peut décider de ne pas être accompagné de son conjoint sans avoir à s'en justifier. Les participants associent généralement cette activité aux principales valeurs de solidarité, d'authenticité, de fraternité et d'écoute de l'autre.

— Les repas communautaires : deux fois par an, avant Noël et avant les vacances d'été, un repas communautaire simple est proposé à tout le personnel, généralement un buffet. Lors du repas, le personnel de direction assure le service et ne mange qu'après que tous soient servis. Une manière discrète de s'inscrire dans l'exemple donné par le Christ Lui-même avec le lavement des pieds de ses disciples. Cette activité favorise particulièrement les valeurs d'authenticité et d'humilité chez les membres de la direction et les valeurs de solidarité, de fraternité ainsi que le sentiment d'être aimé et apprécié entre tous les personnels de l'entreprise.

— Le prix du cœur : chaque année un prix est décerné à une personne de l'entreprise qui a diffusé dans son milieu de travail au long des années par son comportement des attitudes de solidarité, de joie de vivre, d'entraide, de respect de l'autre et accompli son travail de manière exemplaire. Ce prix est assorti d'une somme d'argent conséquente (entre 500 et 1 500 dollars canadiens) et la personne qui gagne ce prix est montrée comme un exemple concret d'incarnation de l'idéal de Notre Projet. Les principales valeurs associées à cette activité sont la fraternité, la solidarité ainsi que le sens de l'efficacité et du travail bien fait.

— Le bonus-partage : il s'agit d'un effort de partage de la richesse créée par le travail de chaque personne dans l'entreprise. L'ampleur de ce partage varie selon le niveau d'atteinte des objectifs budgétaires par département. Lorsque les budgets annuels de profit de l'entreprise ou du département concerné sont réalisés ou dépassés, un même bonus est remis à toutes les personnes œuvrant dans l'entreprise ou le département, quel que soit le rôle qu'elles y jouent. Ce bonus, pouvant varier entre 300 et 2 000 dollars canadiens selon les résultats, ne fait pas partie des politiques de rémunération mais s'y ajoute. Les gestionnaires reçoivent un bonus supplémentaire variable selon leur niveau de responsabilité et selon les résultats financiers de l'entreprise. Si le budget de profits de l'entreprise ou du département n'est pas atteint, il n'y a pas de bonus-partage. Cette activité favorise principalement les valeurs de partage, de solidarité et de dignité humaine.

— **Les rencontres après licenciement** : les managers qui ont licencié des personnes les rencontrent après leur départ de l'entreprise. Au moins deux rencontres avec chaque personne licenciée ont lieu dans les douze mois qui suivent le départ. La première rencontre est inévitablement assez dure et tendue. La seconde, quelques mois plus tard, permet généralement au moins d'amorcer une vraie réconciliation et d'atteindre à un rapport humain authentique, humble et fraternel. Cette activité vient s'ajouter aux procédures d'accompagnement des licenciements qui peuvent avoir lieu dans le cadre de la gestion du personnel (procédures de formation, de reconversion, de reclassement, d'*outplacement*, etc.) Un certain nombre des personnes qui ont été licenciées décident de participer à certains des repas communautaires annuels. Cette activité dégage principalement des valeurs de solidarité, de justice, de fraternité, de dignité humaine, d'humilité et de capacité à se pardonner en se comprenant mieux.

« Je me souviens particulièrement de la mise à pied d'un gestionnaire de haut niveau dans l'entreprise. Il était vraiment remonté contre nous, pas au plan légal, mais au plan humain, émotionnel. Pour lui, nous étions écœurants, nous ne savions pas ce que nous faisions, il était bien plus compétent et plus aimé du personnel que nous pensions. Alors, même s'il ne se rapportait pas à moi directement, j'ai décidé de le rencontrer seul à seul, à deux reprises. La première fois cela a été tout simplement horrible, et pour lui et pour moi : mains gelées, tension épouvantable… Il m'a dit des choses…, je l'aurais tué ! Et moi aussi, je lui ai dit des choses difficiles. Mais nous avons été francs l'un et l'autre et nous avons réussi à ne pas nous entretuer ! Je l'ai revu à peu près trois mois plus tard, parce que j'ai eu une inspiration. C'était deux semaines avant d'aller à la béatification de Mère Teresa à Rome, et j'ai senti que je devais revoir cet homme avant de partir. Et lors de cette rencontre, il m'a simplement dit : "Monsieur Ouimet, je vous aime beaucoup !" Ce n'était pas une longue phrase, mais elle prouvait la valeur de l'accueil de l'humain, non pas par des discours théologiques, philosophiques ou moraux, mais par des actes concrets. »

Reste que devoir se séparer de collaborateurs pour des raisons économiques de saine gestion est ce qu'il y a de plus difficile pour un chef d'entreprise.

« Les licenciements c'est de très loin l'épreuve la plus redoutable que peut rencontrer un chef d'entreprise. C'est le plus terrible broyage humain et spirituel que peut vivre un actionnaire et un gestionnaire, pour peu qu'il ait un peu un cœur de chair. Je le dis sans cesse dans les conférences que je donne sur les campus universitaire : c'est épouvantable, inexprimable ! J'ai tellement prié, et j'ai tellement lu, pour tenter de trouver des solutions aux licenciements à la manière de Jésus-Christ, et je n'en ai pas trouvé de vraiment satisfaisantes. J'ai lu des expérimentations très belles, au XVIIIe, au XIXe, au début du XXe siècle, dans des entreprises d'Europe en particulier. Des chefs d'entreprise chrétiens qui ont, par exemple, décidé de baisser la paie de tout le monde pour éviter des licenciements. D'autres ont décidé de puiser dans les réserves de l'entreprise pendant longtemps. Mais je témoigne que, scientifiquement, la plupart de ces entreprises-là ont disparu de la carte économique à brève échéance. Je ne connais pas de réussites en la matière. Parce que les licenciements sont inévitables et parce que ce n'est pas tous les cinq ans qu'on doit en faire, mais tous les ans. Parfois cela ne concerne que quelques personnes, parfois c'est plus massif, mais c'est récurrent. La seule chose que nous ayons trouvé à faire et que j'ai faite avec tout mon conseil d'administration comme mon père l'a fait avant moi, c'est de prier pour les personnes que nous étions obligés de mettre dehors. Et aussi pour leurs familles. Même si cela fait plusieurs dizaines d'années que nous les avons licenciées, nous continuons à prier pour elles. Et si Dieu existe – et il existe ! –, s'il est Amour – et il est Amour ! –, alors il faut qu'il fasse quelque chose et il le fait. Mais cela ne m'a pas donné de réponse à la question des licenciements. Ce que nous faisons, ce n'est rien par rapport à la gravité de la chose, mais nous le faisons. La seule chose dont je suis persuadé c'est que le système de l'économie de marché est le meilleur que l'homme ait pu mettre au point. Alors s'il a des faiblesses aujourd'hui, qui sont bien moindres que du temps de Karl Marx, nous n'avons qu'un seul choix, c'est de continuer à l'améliorer. À deux reprises, en novembre 2007 et mars 2008, j'ai eu l'occasion de présenter publiquement Notre Projet à plusieurs dirigeants du syndicat ouvrier CNV en Hollande. Ces dirigeants et gestionnaires syndicaux ont été enthousiasmés par la découverte de cette expérience concrète des rencontres après le licenciement. »

Parmi les activités du deuxième genre (valeurs mixtes d'humanisation et de spiritualisation) :

— **Le parrainage** : chaque personne nouvellement recrutée dans l'entreprise est accueillie par une personne travaillant dans le même secteur. Celle-ci la présente à ses nouveaux collègues de travail, la familiarise avec les procédures, les coutumes et la culture de l'organisation et l'accompagne notamment dans la découverte des activités du SIOM Humain. Cet accompagnement a lieu principalement au cours des six premiers mois du nouvel embauché dans l'entreprise et met principalement en évidence les valeurs de solidarité, de dignité humaine et d'efficacité.

— La rencontre bilatérale annuelle : elle réunit une fois par an un subordonné et son responsable hiérarchique. Au cours de cette rencontre, ils échangent librement et franchement sur des événements précis qui ont marqué de façon positive ou négative leurs relations interpersonnelles au cours des douze derniers mois et sur la manière dont ils ont vécu et ressenti ces événements. C'est l'occasion d'évoquer des problèmes de tension, des situations de rupture dans les relations de personne à personne, de s'expliquer en toute franchise, de se réconcilier et même de se pardonner. Cette rencontre complète l'entretien annuel d'évaluation de la performance professionnelle mais, afin qu'il n'y ait aucune confusion, elle ne doit jamais être tenue en même temps. Cette activité doit d'abord être expérimentée pendant plusieurs années par les cadres pour pouvoir être ensuite étendue à tout le personnel et à tous les niveaux de responsabilité. Les valeurs qui ressortent de cette activité sont principalement l'écoute de l'autre, la vérité, l'authenticité et l'humilité.

— Les rencontres avec un dirigeant : par groupes de trois, des personnes travaillant pour l'entreprise rencontrent de manière hebdomadaire pendant au moins une heure un haut dirigeant de l'entreprise et échangent librement sur les sujets de leur choix. Durant ces rencontres, on ne prend aucune note et, bien sûr, il n'en est pas établi de compte-rendu. Lorsque l'activité a été bien initiée avec les hauts dirigeants de l'entreprise, elle est progressivement étendue à tous les gestionnaires. Pour faire en sorte que tout le personnel puisse peu à peu participer à ces rencontres les groupes sont constitués par priorité de ceux qui n'ont pas encore participé à cette activité. Ceux qui attestent de la plus grande ancienneté dans l'entreprise choisissent librement deux autres collègues pour constituer le groupe. L'écoute de l'autre, la primauté de la dignité humaine et la fraternité sont les principales valeurs associées à cette activité.

— **Les témoignages** : deux fois par an, des invités viennent partager avec les personnes de l'entreprise leur cheminement de vie à travers les expériences humaines, morales et souvent spirituelles qui ont guidé leurs pas et leur évolution personnelle dans la vie. Deux conditions sont essentielles pour la réussite de cette activité. D'une part cette activité est ouverte à tout le personnel et elle a lieu durant le temps de travail rémunéré, mais les personnes doivent être entièrement libres d'y participer ou non. D'autre part, les personnes qui acceptent de venir donner un témoignage doivent absolument éviter de se présenter comme des exemples et s'abstenir totalement de faire des recommandations. L'expérience montre que cette activité sous-tend principalement les valeurs d'écoute de l'autre, de vérité, de courage, de foi, d'espoir, de sagesse et d'humilité et l'importance du silence et de la prière.

« Nous avons débuté cela il y a plus de trente ans. C'est d'ailleurs l'activité qui a été la plus facile à démarrer. Mais les cinq premières années, avec ceux qui tentaient avec moi de mettre en place cette activité, nous ressentions une certaine tension dans l'usine. Nous percevions qu'une proportion significative du personnel, peut-être la moitié, se sentait mal à l'aise face à ces témoignages. Durant ces premières années, nous avions beau leur répéter : "Vous êtes libres. Si vous ne venez pas, vous serez payés pareil. Vous ferez votre travail comme d'habitude, c'est tout. D'autres vont venir, mais cela ne favorisera pas leur promotion, comme le fait de ne pas venir ne vous causera pas de préjudice professionnel", ils ne nous croyaient pas car ils avaient peur que ce soit une occasion de prosélytisme. D'une certaine manière, ils avaient raison : plus le groupe dirigeant est intelligent, plus il a la possibilité de manipuler le personnel à travers une activité comme celle-ci. Ce n'était clairement pas dans notre intention, mais ils percevaient que cela aurait pu l'être et en ce sens ils avaient raison de se méfier. Il faut bien voir que ma réputation de croyant, d'homme priant, faible et fragile mais priant, ne date pas d'hier au Canada et je ne me suis jamais privé de me montrer comme tel ! Alors, bien naturellement, ils avaient peur de se faire avoir. Cela nous a pris entre cinq et huit ans pour les convaincre qu'ils n'avaient pas à avoir peur… Il a fallu qu'ils puissent constater que certaines personnes participaient aux témoignages et n'obtenaient pas de promotion pour autant et, inversement, que d'autres n'y participaient jamais et étaient cependant promues en raison de leur performance professionnelle. C'est long pour y arriver ! Et je témoigne que si ceux qui ont démarré cela avec moi n'avaient pas été des priants, nous aurions lâché. »

— **Le moment de silence intérieur durant les réunions** : il consiste en de brèves période de silence intérieur, d'échanges, de réflexion, de méditation ou de prière lorsque les participants se sentent à l'aise. La forme n'en est pas fixée de manière normative. En début de réunion, cette méditation peut être soutenue par un texte lu et commenté brièvement. Elle peut faire référence à des événements particuliers qui concernent l'entreprise, le monde ou la vie personnelle ou familiale de telle ou telle personne de l'entreprise et donner lieu à une intention de prière dite à haute voix ou simplement à un temps de prière silencieuse. Paix, sérénité, foi, espérance, sagesse et amour sont les principales valeurs mises en relief par cette activité.

« Déjà du temps de mon père on faisait toujours une brève prière, réflexion, méditation, au début des réunions du conseil d'administration. Quand je suis arrivé, en 1961, j'ai fait en sorte que cela soit un peu plus élaboré. Au début c'était toujours moi qui faisais cette méditation et quelquefois une prière. J'essayais bien de voir si quelqu'un d'autre voulait s'offrir à la faire à ma place, mais cela a pris cinq ou six ans avant qu'un autre membre du conseil ne se décide. Puis c'est devenu une coutume de demander en fin de séance qui était volontaire pour la prochaine réunion. Aujourd'hui, ce n'est que très rarement moi qui fais la méditation-prière de début de réunion. Lors de la crise économique au début des années 1990, nous avons eu un certain nombre de réunions du conseil d'administration qui était difficiles et même violentes, car il fallait gérer l'économique avec beaucoup de rigueur et prendre des décisions difficiles. À la fin d'une des réunions, un administrateur s'est approché de moi et m'a dit : "Robert, nous avons des discussions difficiles et nous traversons une période de grandes tensions, alors est-ce que tu ne penses pas que nous devrions également avoir un moment de silence, une brève méditation ou prière à la fin du conseil d'administration ?" J'ai été heureux que ce soit quelqu'un d'autre que moi qui y pense ! Depuis ce temps-là, on fait aussi la prière à la fin... Aujourd'hui nous n'avons pas de problème avec cela au sein du conseil d'administration. Ils y ont pris goût ! Mais il nous a fallu soixante ans pour que tous les comités et réunion dans l'organisation débutent par un moment de silence. Cela a été dur, très dur ! Parce que ce n'est pas possible sans un très grand climat de liberté et instaurer ce climat de liberté, c'est toute une affaire. Cela réclame beaucoup de temps, de courage, d'écoute, car les gens ont peur du prosélytisme et ils ont raison. »

Enfin, parmi les activités du troisième genre (valeurs de spiritualisation) :

— Les illustrations murales et les devises annuelles : les murs et les espaces libres dans les couloirs, les salles de réunion et les bureaux sont utilisés afin d'y apposer des illustrations qui suscitent la réflexion sur les valeurs fondamentales communiquées par les activités de Notre Projet : amitié, générosité, accueil, détente, espoir… Chaque illustration véhicule des valeurs différentes, toutes complémentaires les unes des autres. Par ailleurs, chaque année une devise est choisie au suffrage universel par l'ensemble du personnel à partir d'une base de données et est affichée en plusieurs lieux de l'entreprise afin de servir de référence d'inspiration pendant l'année. À titre d'exemples, ont été choisies au cours des années : « Tout travail est vide sauf où il y a de l'amour », « L'action parle plus fort que les mots », « L'esprit s'enrichit de ce qu'il reçoit, le cœur de ce qu'il donne », « Seul l'amour mène à la paix », « La première forme de partage est le respect de l'autre »…

— Le groupe de soutien mensuel : cette activité s'adresse principalement, mais sans s'y limiter, aux membres du conseil d'administration et du comité de gestion. Les participants sont conviés à participer mensuellement à une célébration eucharistique en communion spirituelle avec quatre communautés religieuses qui ont accepté de s'y associer. La célébration est suivie d'un rapide repas fraternel et d'un échange sur un texte à caractère spirituel. Accompagné par une personne compétente, le groupe peut discuter sa foi ou toute ouverture à la transcendance. La participation à ces rencontres est entièrement libre. Elles sont organisées de manière discrète afin que nul ne puisse suspecter une quelconque volonté de prosélytisme. Le but de ces rencontres est double : le bien des participants eux-mêmes qui y trouvent une occasion de ressourcement spirituel entre collègues, mais aussi le bien commun de l'entreprise car des groupes désirent porter spirituellement dans la prière toute l'activité de l'entreprise et chaque personne qui y œuvre en particulier. La foi, l'espérance, la paix, la sérénité, la sagesse et le sens des responsabilités sont les principales valeurs que sous-tend cette activité.

« C'est vraiment précieux et c'est une grande joie, pour nous qui vivons dans le tourbillon du monde des affaires, de savoir que des religieuses bénédictines portent avec nous le projet, vivent en union spirituelle avec nous la devise de leur vie bénédictine *Ora et labora* qui est ce que nous essayons nous-mêmes de vivre dans le monde économique, ou encore ces deux communautés nouvelles de laïcs, l'Alliance à Trois-Rivières et Marie Jeunesse de Sherbrooke, qui chaque premier mercredi du mois sont en communion de prière avec nous à l'eucharistie. Ils prient pour nous et nous prions pour eux. De même, depuis 1987, avec l'approbation écrite de Mère Teresa et maintenant de sœur Nirmala qui lui a succédé, les contemplatives Missionnaires de la Charité qui résident à Calcutta dans les bidonvilles les plus pauvres sont unies à nous dans le vécu de Notre Projet chaque premier mercredi du mois. Ces religieuses sont au courant de Notre Projet et savent que nous tentons de vivre *Ora et labora* et nous renouvelons avec elles chaque année par écrit cette "entente contractuelle". Elles aussi prient pour nous et nous prions pour elles. Alors, pour la pauvre personne que je suis, malgré ma fragilité au plan de l'amour, c'est une force immense et je suis prêt à passer à travers n'importe quelle épreuve ! Parce que je sens que tout ce que nous essayons de faire est au cœur de la transcendance, au cœur de Dieu, greffé à l'eucharistie, dans le mystère de la communion des saints ! J'affirme d'ailleurs que sans cette alliance eucharistique très particulière avec les sœurs contemplatives des Missionnaires de la Charité de Calcutta et les contemplatives bénédictines de Montréal, je n'aurais jamais été capable de tenir le coup dans cette expérimentation, tellement belle mais aussi tellement difficile car elle va à contre sens de toute la culture ambiante. »

— **La salle de silence** : elle est mise à disposition de chaque personne œuvrant dans l'entreprise, afin de permettre aux personnes qui en ressentent le besoin de prendre un moment de répit dans une atmosphère de silence intérieur, de détente, de réflexion, de méditation et, si elles le souhaitent, de prière personnelle et silencieuse, et cela sans affecter l'efficacité du département où la personne travaille. Chacun utilise cette salle de la manière qu'il veut à condition d'en respecter le silence et que ce ne soit pas pour travailler. L'expérience prouve que le nombre de personnes qui utilisent réellement cette salle s'accroît lentement d'année en année. Les valeurs associées à cette activité sont principalement la paix, la sérénité, la foi, l'espoir, la sagesse, l'amour et le sens des responsabilités. C'est au cours de sa deuxième rencontre à Calcutta avec Mère Teresa que celle-ci fait bien davantage que de suggérer à J.-Robert Ouimet l'installation de ces salles de silence dans ses entreprises : elle lui en lui fait une quasi obligation !

« C'est le grand message qui est ressorti de cette deuxième rencontre à Calcutta en 1985. Elle m'a dit : *"You should have, on each different work site, a prayer room !* – Vous devriez avoir, dans chaque lieu différent de travail, une salle de prière !" Comme ça ! "Vous *devriez* avoir" et non pas : "Vous *pourriez envisager la possibilité d*'avoir…" Elle a probablement vu que j'avais besoin de beaucoup prier. Peut-être, je ne sais pas… Mais elle m'a dit ça ! Je lui ai dit qu'elle ne savait pas ce qu'elle demandait, que je passerais pour un illuminé, un hurluberlu, que ce serait très difficile… Cela n'a pas eu l'air de l'étonner et elle m'a répondu : *"Do it !* – Faites-le !" Je témoigne que tout ce qu'elle m'a dit de faire, sauf une chose, je l'ai fait ! Alors deux semaines après mon retour à Montréal, j'avais installé une salle de prière dans l'entreprise... Je m'y suis très mal pris, sans préparation, sans consultation, de façon très peu démocratique. La salle était mal placée dans l'entreprise, beaucoup trop proche de mon bureau. J'ai uniquement consulté les personnes de la haute direction. Elles étaient d'accord, mais je ne suis pas allé plus loin que ça. On ne pouvait plus mal s'y prendre ! Mais comme je l'ai écrit dans ma thèse de doctorat, cette décision d'installer une salle de prière était pour moi un vrai acte de foi. J'ai dit au Seigneur en installant cette salle-là : "C'est ta salle. On ne te charge pas de taxe. On ne te charge pas de chauffage. On te la fournit gratuitement. Occupe-la !" Et il l'a fait... Parce que Mère Teresa avait raison : même si nous n'y sommes pas constamment dans cette salle, Dieu, Lui, y habite en permanence puisque c'est sa salle. Et j'ai entendu certaines personnes de l'entreprise m'avouer dans des moments d'intimité : "La présence de cette salle, dans des moments très durs, où j'étais démoli, a été importante. Je sentais un appel, une source de courage, je sentais que je n'étais pas seul. C'était une force qui me disait qu'il ne fallait pas que je lâche." Et pourtant, elles n'y entraient pas dans cette salle ! Mais elle était là, signifiant la présence réelle d'une dimension spirituelle. Aujourd'hui, par souci de délicatesse et d'universalité, nous n'appelons plus cette salle "salle de prière", mais "salle de silence et méditation". Mais cela a pris plus de dix années, peut-être quinze, avant que la majorité du personnel se sente libre et ne craigne plus le prosélytisme. Jusqu'au jour où, en 1993, nous avons dû faire une promotion importante dans l'entreprise. Nous avions le choix entre deux personnes, l'une qui n'allait jamais à la salle de prière et une autre qui y allait assez souvent. Nous avons choisi la première. Dès lors tout était clair pour tout le monde : la liberté intérieure de chaque personne était pleinement respectée par la direction de l'entreprise. »

Les outils de mesure
et le plan stratégique humain

Cette liste d'activités du SIOM Humain n'est pas figée ni définitive : certaines activités peuvent être retranchées, d'autres, nouvelles, s'y ajouter selon les souhaits du personnel de l'entreprise. Afin de gérer et d'améliorer l'ensemble de ces activités on a recours à trois outils de management appropriés qui s'avèrent nécessaires pour asseoir durablement sur des bases scientifiques quantitatives et qualitatives l'expérimentation du SIOM Humain et les corrélations entre le SIOM Humain et le SIOM Économique. Ces assises quantitatives et qualitatives fournissent les informations permettant aux dirigeants et aux gestionnaires du développement humain – appelés dans les autres entreprises « gestionnaires des ressources humaines », de prendre des décisions appropriées afin d'améliorer le fonctionnement du mouvement des valeurs apportées par le SIOM Humain qui ont un impact majeur sur le climat organisationnel et sur l'épanouissement des personnes, ainsi que sur leur efficacité.

— **Les enquêtes sur le climat organisationnel** : elles permettent d'identifier tous les deux ans, de façon systématique, les zones de tension et de difficultés présentes à l'intérieur de l'organisation, que ce soit dans les domaines de l'efficacité, de la planification, de l'organisation, de la coordination, de la communication, de la motivation et du contrôle. Ces enquêtes mesurent les conditions de l'évolution du bonheur et de l'épanouissement des personnes, les tensions, les contradictions et ruptures inévitablement présentes en tout milieu de travail. Elles permettent de mettre en évidence les aspects qui fonctionnent bien et de les renforcer, comme de corriger ce qui va moins bien. Plus d'une vingtaine de dimensions du climat organisationnel – communication sous toutes ses formes, conditions de travail, développement personnel, objectifs, rémunération, avenir de l'entreprise, sécurité de l'emploi, etc. – sont ainsi soumises au jugement et à l'évaluation des personnes qui œuvrent dans l'entreprise.

— Les enquêtes sur les activités du SIOM Humain : tous les deux ans également, ces enquêtes portent sur les valeurs reçues et les valeurs désirées par les personnes participant aux activités du SIOM Humain. Ces enquêtes permettent de faire ressortir les activités les plus appréciées, celles qui doivent être modifiées ou changées dans leur déroulement, celles qui doivent être abandonnées temporairement ou définitivement et remplacées par d'autres activités suggérées par le personnel de l'entreprise. Elles permettent également d'identifier les principales valeurs apportées par chaque activité du SIOM Humain et de mettre en évidence la complémentarité entre les différents outils de management.

« Les deux formes d'enquêtes scientifiques sont absolument essentielles et se complètent. Le suivi qu'il faut donner aux résultats de ces enquêtes est aussi très important. Ils doivent être communiqués dans les plus brefs délais à toutes les personnes qui y ont participé en leur indiquant la liste et la chronologie des améliorations qui seront apportées dans la gestion de l'organisation afin de satisfaire le plus grand nombre possible des requêtes et suggestions. Ainsi les personnes finissent par constater qu'elles ont de l'influence sur les décisions prises après chaque enquête et que leurs remarques sont prises en compte. Nous avons constaté expérimentalement que lors des premières enquêtes, les participants étaient prudents, même s'ils savaient que l'enquête était menée par une agence professionnelle extérieure à l'entreprise et que les réponses aux questionnaires sont anonymes. Ils ont raison d'être prudents car dans les enquêtes sur le climat organisationnel en particulier, après que les participants aux enquêtes ont rempli les questionnaires, se déroule la partie qualitative de l'enquête. La personne qui effectue l'enquête calcule alors, en présence des participants, la moyenne des résultats pour chaque question et demande aux participants si certains d'entre eux seraient intéressés à commenter ces résultats. Les premières années, les participants parlaient peu durant cette phase des enquêtes. Bien que cela n'ait jamais été fait, ils craignaient tout de même que leurs commentaires soient insérés avec leur nom dans le rapport de l'enquête et qu'ils en subissent "comme par hasard" les conséquences. À la seconde enquête, nous avons constaté que les participants parlaient un peu plus, et encore davantage lors de la troisième enquête. Pourquoi ? Parce qu'ils s'apercevaient que les personnes qui s'exprimaient ne subissaient aucune conséquence à la suite de leurs remarques, même si elles étaient critiques, que personne ne quittait l'entreprise "comme par hasard" quelques mois après l'enquête pour avoir dit certaines choses ou formulé quelques reproches lors de l'enquête. J'ai lu moi-même des commentaires faits à mon endroit par certains participants au cours des enquêtes. Certains de ces commentaires étaient très durs à lire. J'aurais pu facilement, comme d'autres dirigeants de notre organisation, prendre "les moyens appropriés" pour savoir qui avait dit ceci ou cela. Nous ne l'avons jamais fait. C'est tout un climat de confiance à instaurer, lequel est un élément fondamental pour la poursuite du bien commun visé par Notre Projet, mais qui prend énormément de temps. »

— Le plan stratégique triennal du SIOM Humain : les résultats des enquêtes sont pris en compte pour l'élaboration d'un plan stratégique triennal du SIOM Humain qui est révisé chaque année. Ce plan complète de manière fondamentale le plan stratégique triennal du SIOM Économique qui vise à orienter les efforts pour permettre à l'organisation d'être plus efficace, dynamique, compétitive et rentable. Ce plan stratégique du SIOM Humain établit l'évolution de l'utilisation de chaque outil de management humain en y incluant les améliorations et les évolutions destinées à accroître l'épanouissement et le bien-être au travail des personnes qui composent l'organisation et vise à améliorer le mouvement des valeurs offertes par les activités proposées dans le cadre du SIOM Humain.

La clef de voûte

Il est clair que le SIOM Économique, qui obéit à l'impératif de l'efficacité et de la rentabilité compétitive, et le SIOM Humain, qui veut promouvoir la dignité humaine et l'épanouissement des personnes au travail, sont en opposition constante. Comment réguler ces tensions inévitables et éviter que l'édifice qu'est l'entreprise ne fasse les frais de cette opposition ? C'est là la deuxième originalité de Notre Projet : ce qui permet d'ajuster les deux SIOM et assurer leur équilibre est ce que J.-Robert Ouimet appelle la « clef de voûte », à savoir l'ouverture à la transcendance, l'ouverture à l'aide et à la sagesse « d'en haut ». Dans la présentation de Notre Projet que fait J.-Robert Ouimet, le SIOM Économique et le SIOM Humain sont représentés sous la forme de deux colonnes surmontées d'une voûte qui symbolise le ressourcement spirituel, source de force intérieure et dont la clef est « Dieu Amour ».

> « Les deux colonnes, en tension constante, sont chapeautées par une clef de voûte qui représente Dieu ou l'Être suprême du choix de chacun et qui contribue à garder en équilibre les deux systèmes de management. Il peut s'agir du Créateur, de l'Être suprême (*Higher Power*), de Dieu

Amour, de Dieu Père, Fils et Esprit ou de toute autre ouverture à la transcendance. À cette valeur de transcendance peuvent se greffer, pour ceux qui le désirent et selon leur choix personnel, différentes formes de réflexion, de méditation et, pour certains, de prière silencieuse pendant le travail, sans pour autant arrêter le travail. Chaque intervenant dans la vie de l'entreprise interprète librement la valeur de la transcendance à laquelle il se réfère. »

Monumental défi lancé à la laïcisation grandissante de la vie sociale et économique ! C'est là la grande innovation de Notre Projet : l'affirmation que sans spiritualité dans le management il n'est pas possible de vivre de façon durable des valeurs authentiques d'humanisation de la vie économique. Dès lors, sans spiritualité dans le management, la vie économique est condamnée à ravaler l'homme au rang de simple instrument, de ressource, de capital, au service de la prospérité et du profit. C'est même ce que J.-Robert Ouimet appelle son caractère « révolutionnaire », au sens étymologique du mot, à savoir « retournement ». C'est en effet un complet changement de perspective que réclame l'adhésion à Notre Projet, on pourrait même dire une conversion du regard.

Certes, cette nécessité de la transcendance dans la vie économique, J.-Robert en a fait d'abord l'expérience personnelle profonde et il n'hésite pas à dire et à témoigner que sans cette présence de Dieu Amour et Trinité dans sa vie de chef d'entreprise, il aurait été certainement un chef d'entreprise sans scrupules et sans pitié, un chef d'entreprise « au cœur de pierre » et non « au cœur de chair ».

« S'il y a eu un certain équilibre dans ma vie de chef d'entreprise entre la gestion économique de la productivité et de la rentabilité et la gestion humaine, je dois à la vérité de dire que c'est uniquement à cause de la "clef de voûte". Parce que comme humain, avec l'intelligence et la volonté très singulières qui m'ont été prêtées, avec le courage dont je peux faire preuve, j'aurais pu être une "super star" au plan de la productivité économique et de la rentabilité et traiter le reste, donc l'humain également, avec une sobriété – pour ne pas dire un égoïsme – remarquable et vicieusement subtile ! Alors, dans la gestion de l'organisation chez nous, c'est vraiment cette présence de la prière de plus en plus constante dans ma vie de chef d'entreprise, comme dans celle des membres du conseil d'administration et des dirigeants, qui est la clef de tout. S'il y a quelque chose de beau au plan humain qui ressort de ma vie, il faut savoir en toute vérité, que cela ne vient pas de moi, mais de lui, Dieu Père, Fils et Esprit. Mais je l'ai vécu avec lui, parce que j'ai voulu le vivre avec lui. Et il a accepté. Alors ça ne vient pas de moi, ou si cela vient de moi, c'est avec lui. Moi, je connais mes limites, mes faiblesses… »

Mais la reconnaissance de cette nécessité est beaucoup plus qu'une expérience personnelle et individuelle. C'est toute l'entreprise qui ne peut être une vraie communauté humaine qu'à la condition d'intégrer dans son vécu quotidien une place pour la spiritualité et la transcendance. Ce n'est pas seulement, même si c'est d'abord, dans la vie du chef d'entreprise et des principaux actionnaires que doit résider la vie spirituelle, mais dans la vie de chaque acteur de l'entreprise ou de l'organisation, même si le respect inconditionnel de la liberté des consciences interdit de pénétrer dans ce sanctuaire de l'intimité spirituelle des personnes. Et cela J.-Robert Ouimet est convaincu que c'est possible à toute personne, quelles que soient ses convictions ou ses croyances religieuses, pourvu qu'elle accepte honnêtement de se greffer à la transcendance :

« Je suis certain que si deux ou trois personnes qui sont responsables d'une organisation quelconque – même si elles ne croient à rien, mais sont à l'écoute et cherchent vraiment Dieu qu'elles ne connaissent pas –, si elles prennent le temps de se retrouver une fois par mois, de s'asseoir ensemble une ou deux heures de temps et de se recueillir dans un vrai silence intérieur, alors elles ne sont pas loin de Dieu et Dieu n'est pas loin d'elles. Et elles deviennent capables de mettre en place ces activités de management qui servent l'homme. Et je suis sûr que Dieu qui est Amour, qui est Père, Fils et Esprit, va leur répondre. Dans une forme que je ne connais pas, mais j'en suis sûr. Cela ne se peut pas qu'Il ne les accompagne pas pour que tranquillement, à travers la primauté de la dignité humaine, Il les aide à découvrir l'Amour, à travers l'humain. S'Il ne fait pas ça, c'est un écœurant. Il n'est pas correct. Mais comme il est très correct, alors donc, je suis convaincu de ce que je dis ! Et cela ne se peut pas que je me sente autant en paix soutenue et constante en disant cela et que ce que je dis ne soit pas une bonne nouvelle !

Les conditions de mise en œuvre

L'expérience menée maintenant depuis près de quarante ans dans les entreprises du groupe Ouimet montre que Notre Projet ne peut être implanté dans une entreprise ou une organisation sans une ferme détermination des principaux actionnaires et du groupe dirigeant ni sans un certain nombre de conditions favorables. L'expérience prouve également que les activités doivent être mises en place selon un certain ordre, des plus faciles aux plus difficiles. Les plus faciles à implanter sont les témoignages, le bonus-partage, le geste de solidarité, les repas communautaires, les illustrations murales, le prix du cœur et les enquêtes biennales ; les plus difficiles, qui nécessiteront beaucoup plus de temps et un certain « mûrissement » de l'organisation, sont les rencontres avec les personnes licenciées après leur départ de l'entreprise, les moments de silence et de prière en début de réunion, le groupe de soutien spirituel étendu et les salles de silence et de méditation. En tout état de cause, la mise en place des activités du SIOM Humain ne peut se faire que de manière progressive. Cela exige également beaucoup de patience.

> « Il nous semble que, quelle que soit la taille de l'organisation et le nombre de personnes qui y travaillent, il faille au moins cinq années pour que lentement, très lentement, les personnes accumulent suffisamment de preuves leur indiquant clairement que la participation ou la non participation aux activités du SIOM Humain n'affecte en rien la progression professionnelle dans l'entreprise, que ceux qui y participent ne reçoivent pas plus de promotions ou d'augmentation de salaire que les autres ; bref qu'il existe un climat de liberté totale dans l'entreprise. Pour que la plupart des activités soient mises en place, il faudra compter au moins dix à quinze ans de travail et de patience ! »

Une condition préalable essentielle est qu'il y ait à la tête de l'entreprise un petit groupe fermement décidé à introduire dans l'entreprise cette dimension humaine et spirituelle du management, un petit noyau de convaincus à partir duquel pourra se propager dans l'entreprise une sorte de « contamination par l'exemple ».

> « Parce que toute entreprise, comme toute organisation, est un tout ordonné où chaque personne a un rôle, il faut d'abord qu'à la tête, les membres de la direction veuillent vivre au quotidien cette spiritualité, non en paroles, mais par des actes, par l'exemple. C'est ensuite à partir de la direction que progressivement, les membres du management puis l'ensemble des membres du personnel pourront être intéressés, en toute liberté et à des degrés

différents, à l'importance de la spiritualité dans leur vie et dans la gestion quotidienne en milieu de travail et qu'il sera possible d'implanter peu à peu les différents outils de management du SIOM Humain. »

Le fait pour l'équipe dirigeante de se retrouver ensemble à échéances régulières pour enraciner le processus d'implantation des activités du SIOM Humain dans une démarche spirituelle commune, comme le fait qu'elle se sache accompagnée et soutenue dans cette démarche par la prière de quatre communautés religieuses est une aide précieuse pour faire face aux inévitables difficultés, voire au découragement. C'est ainsi que J.-Robert Ouimet s'est acquis la « complicité » de Mère Teresa et de ses sœurs Missionnaires de la Charité. C'était en 1988, lors de son troisième voyage à Calcutta, après que Mère Teresa soit venue à Montréal visiter l'entreprise :

« Nous étions allés ensemble, Mother et moi, à l'eucharistie au couvent des contemplatives de Calcutta. À la fin de l'eucharistie, en sortant avec elle, je lui dis : "Pouvons-nous faire ensemble un *deal*, passer un contrat ? Est-ce que nous pouvons à partir de maintenant, chaque premier mercredi du mois, être unis avec vos sœurs à l'eucharistie depuis Montréal ? Vos sœurs ne prieraient pas pour que cela aille bien dans l'entreprise, mais elles prieraient pour que nous autres qui gérons l'entreprise, nous la gérions un peu mieux demain qu'hier à la façon du Seigneur. Et nous autres nous pourrions prier pour que vos contemplatives, elles aussi, plus demain qu'hier, soient davantage à sa disposition." C'est un contrat très simple mais qui aussi est très embêtant pour le Seigneur, parce que ce qu'on lui demande n'a rien d'égocentrique : nous ne prions pas pour nous-mêmes, nous ne prions pas pour le succès spirituel de Notre Projet, et encore moins pour le succès économique de notre entreprise. Nous prions pour que nous, particulièrement les actionnaires et les gestionnaires, nous soyons davantage à sa disposition. C'était tout de même assez singulier de suggérer à Mère Teresa : "Est-ce que nous pouvons prier pour que tes contemplatives, soient demain plus qu'hier davantage à la disposition du Seigneur" ! Cela aurait pu lui paraître prétentieux, mais elle n'a pas eu l'air de prendre les choses comme cela et elle m'a dit immédiatement qu'elle était d'accord. Le *deal* a été ensuite confirmé par écrit et il est reconduit chaque année avec la supérieure du couvent des contemplatives à Calcutta. Cela, c'est vraiment le sommet de la clef de voûte ! »

Mais avant tout, il faut que l'entreprise soit en bonne santé économique et offre au personnel des conditions de rémunération correctes, au moins similaires et de préférence supérieures à celles des entreprises concurrentes du même secteur d'activité. Prétendre parler de spiritualité aux personnels d'une organisation alors que leur salaire permet tout juste une vie de famille décente tandis que les propriétaires et les dirigeants affichent un état d'abondance est une illusion qui se double d'une hypocrisie. Des conditions de travail et de rémunération satisfaisantes renforcent les valeurs de primauté de la dignité humaine, de partage, d'entraide, de justice et de solidarité qui constituent les préalables favorables nécessaires pour implanter les activités du SIOM Humain. Il va sans dire que l'entreprise devra elle-même être compétitive dans tous les domaines pour pouvoir offrir à son personnel des conditions de travail alignées sur le marché.

« Mon père avait fondé son entreprise sur un socle de valeurs fondamentales –primauté de la dignité humaine, sagesse, courage et détermination –, ainsi que sur une vie spirituelle et religieuse active partagée avec ma mère. À ces valeurs fondamentales de mon père se sont ajoutées les valeurs fondatrices de ma mère : la foi, l'espérance, la douceur et la compassion. Du temps de mon père, il y avait ainsi beaucoup de fraternisation entre les différentes personnes de l'entreprise. Cependant, sauf pour la prière au début des réunions du conseil d'administration, il n'y avait pas d'activités spirituelles proprement dites dans l'entreprise, en 1965, quand j'ai repris l'entreprise à la suite de mon père. Et je crois rétrospectivement avoir fait à ce moment-là ce que le Seigneur désirait. Parce qu'avant de leur parler du spirituel, il faut que les personnes sentent que leur gagne-pain est solide. Le premier devoir que j'avais en arrivant à la tête de l'entreprise, c'était de montrer que j'étais capable, à la suite de mon père et comme il l'avait fait pendant quarante ans, de bâtir de la croissance économique tout en me référant aux mêmes valeurs fondatrices que mon père et ma mère. C'est seulement après cela, que lentement, nous avons commencé à intégrer dans le quotidien de l'organisation des pratiques, des activités que nous appelons aujourd'hui des outils de management humain, de manière très progressive, empirique, comme à tâtons, en procédant par essais, en découvrant peu à peu, en commettant d'ailleurs beaucoup d'erreurs, non pas en parlant de la doctrine sociale mais en cherchant à la vivre concrètement, quotidiennement, jusqu'à aboutir à ce qui est aujourd'hui un vrai modèle de management humain, scientifiquement testé et éprouvé. »

Mais il faut également – c'est fondamental et probablement le plus difficile à obtenir – que les personnels de l'entreprise soient convaincus du désintéressement des membres de la direction de l'entreprise dans la mise en place de ce management humain. Qu'ils soient certains que les activités qui leur sont proposées sont bien ordonnées d'abord à leur épanouissement et à leur bien-être au travail et non à l'augmentation de leur productivité, qu'ils soient certains de ne pas être manipulés, mais aimés en vérité. Pour cela, il est nécessaire que les membres de la direction et du management donnent sans relâche des preuves concrètes de leur rectitude d'intention et de leur absence de volonté prosélyte. Sur ce point ils seront très facilement – et impitoyablement – perçus et évalués par les membres du personnel. Si une authentique rectitude n'existe pas ou n'est pas reconnue, il est clair que les activités du SIOM Humain sont vouées à l'échec car elles seront interprétées comme de la manipulation et le personnel – avec raison – fera tout pour qu'elles cessent.

« Il est certain que ces activités – dont nous avons évalué le coût global au long des années à moins de 0,3 % des profits avant impôts – non seulement ne nuisent pas à la productivité, mais sont susceptibles de l'améliorer. Ce n'est d'ailleurs pas très étonnant : si les personnes sont davantage reconnues, si leur épanouissement au travail est accru, il est assez compréhensible qu'elles soient portées à se donner davantage dans leur travail. Si le projet est vraiment vécu, non pas pour accroître la productivité, mais par amour des personnes, je garantis que cela ne va pas nuire à la productivité compétitive de l'entreprise. Quand les personnes perçoivent qu'elles sont traitées avec davantage d'amour et d'authenticité et qu'en même temps la structure de gestion de l'entreprise est rigoureuse, disciplinée et performante, elles se donnent davantage dans leur travail et contribuent du même coup à l'amélioration de la productivité. Mais si c'est d'abord pour améliorer la productivité que l'on met en place ce mode de management, on tue le projet car alors c'est de la manipulation et les personnes le perçoivent immédiatement. L'organisation est là pour servir l'humain et non pour se servir de l'humain. Le travail existe pour l'humain et non pas l'humain pour le travail. Une personne n'est pas du "capital humain" ou une "ressource humaine" que l'on gère ! Chaque personne est précieuse car elle est habitée par Dieu. Voilà les convictions qui doivent animer ceux qui veulent s'engager dans le type de management que prône Notre Projet ! Voilà l'approche de l'homme qui doit transpirer de toutes les décisions de l'entreprise ! »

Un projet terriblement exigeant

C'est finalement là la plus grande difficulté pour un chef d'entreprise qui souhaiterait mettre en place dans son entreprise un management tel que celui que prône Notre Projet : celle d'être perpétuellement suspecté du fait de ses convictions. Sans la conviction que la dignité humaine est la valeur la plus fondamentale et que rien ne peut lui être sacrifié, pas de raison de s'engager dans une telle aventure. Mais dès que cette conviction est affichée et connue, on devient inévitablement suspect : que cherche-t-il ? Quels intérêts occultes se cachent derrière ce projet ? C'est là la plus grande épreuve : être suspecté dans ce qui est le mouvement le plus intime du coeur à savoir l'amour...

« Pour moi cela a été horrible de sentir que les gens ne me disaient pas tout ce qu'ils pensaient, soit pour ne pas me faire de peine, soit parce qu'ils craignaient le pouvoir. Ils se disaient : "Il va nous emmener quelque part !" Moi, je ne voulais les emmener nulle part ; je ne savais même pas où j'allais ! Je veux dire clairement avec toute la force et la conviction dont je suis capable à tous ceux qui voudraient s'engager dans l'aventure que nous avons tentée il y a plus de quarante ans : c'est terriblement, terriblement, terriblement difficile ! C'est même épouvantable ! J'ai le droit de le dire parce que cela me concerne personnellement : si je n'avais pas eu la force de l'eucharistie jumelée avec la réception fréquente du sacrement de la réconciliation, j'aurais abandonné depuis longtemps. Croyez-moi, j'aurais été parfaitement capable de gérer l'organisation avec "élégance humaine" et de faire beaucoup d'argent, comme tout le monde... Nous avons fait beaucoup d'argent mais nous avons voulu, de peine et de misère, vivre Notre Projet. C'est très beau, mais avant d'être beau, cela a été terriblement dur et terriblement long ! C'est pour cela que Mother avait

101

raison de me dire : "N'essayez pas sans prier beaucoup, vous n'en serez pas capable !" C'est pour cela qu'elle m'accueillait dans son couvent à Calcutta. Elle devait se dire : "Il va en avoir besoin, lui !" Et elle ne se trompait pas... Aujourd'hui, je ne crains pas d'affirmer que, sauf si le Seigneur m'apparaissait et m'en intimait l'ordre explicitement, je ne recommencerais pas ! C'est trop dur. Mais je suis heureux de continuer... avec Lui. »

6

Les croix et les joies

Le parcours de J.-Robert Ouimet pour mettre en place et expérimenter patiemment au long des années les différentes activités de management humain qui donneront lieu à Notre Projet ressemble singulièrement à un chemin de croix... Mais, comme tout chemin de croix vécu dans la foi et l'espérance chrétiennes, c'est aussi – même si cela peut sembler paradoxal ou contradictoire aux yeux du monde – un chemin de joie.

Les chefs et dirigeants d'entreprise

Affronter le regard et le jugement de ses pairs, chefs et dirigeants d'entreprise, sera la première épreuve : ils ne le comprennent pas et le prennent souvent, au mieux pour un idéaliste, au pire pour un illuminé ! Il y a toutes sortes de raisons, fort valables au demeurant, pour ne pas entrer dans la logique que propose Notre Projet. La gestion de toutes les dimensions économiques de l'entreprise est terriblement prenante et exige déjà beaucoup de temps et d'efforts. Alors pourquoi s'imposer des contraintes supplémentaires en implantant de nouvelles activités de management que l'on va devoir organiser et gérer ?

« Pour tout dirigeant, gestionnaire ou actionnaire qui essaie d'avoir progressivement un cœur de chair plutôt qu'un cœur de pierre, choisir entre les deux colonnes de Notre Projet (bien-être humain – efficacité économique) est souvent complexe et déchirant. Il doit prendre les bonnes décisions menant à une croissance du bien-être des personnes œuvrant dans l'entreprise, mais il faut en même temps qu'il respecte les règles de l'économie de marché, lesquelles exigent, aujourd'hui plus que jamais, une discipline hors du commun. Cette discipline est bien souvent susceptible d'affecter le bien-être des personnes : fermetures d'usine, réorganisations, restructurations, avec leurs conséquences parfois dramatiques en termes de licenciement. Le choix entre les deux colonnes est donc terriblement difficile à effectuer avec sagesse et nécessite non seulement beaucoup d'intelligence, mais aussi et surtout beaucoup de courage. Cette tension permanente est terriblement difficile à supporter et même épuisante. Et même lorsque les décisions ont été prises avec intelligence, réflexion, bonne volonté, portées dans la prière, on n'est jamais certain de ne pas s'être trompé. Toutes ces raisons sont réelles, mais ne sont pas les vraies raisons. Le fond de la question, c'est que cela demande énormément de confiance et de foi et un constant ressourcement spirituel pour accepter de prendre ce risque. Il faut être capable de dire : "J'ai confiance en cela, j'y crois et donc je prends le risque." Et le risque est réel : celui de ne pas être compris ou pire encore, celui de se voir légitimement reprocher un comportement qui n'est pas en cohérence avec les valeurs que l'on professe. En somme, il faut accepter de se rendre humainement vulnérable, et peu de chefs d'entreprise se sentent capables d'affronter ce risque... »

Mais la grande exigence de Notre Projet, celle sur laquelle butent les chefs d'entreprise les mieux intentionnés, c'est la remise en cause ce qui est aujourd'hui devenu beaucoup plus qu'un lieu commun, presque un dogme social : le sécularisme. C'est en vertu du sécularisme que la majorité des dirigeants économiques et politiques croient devoir s'interdire de faire état publiquement de leurs convictions personnelles les plus profondes, en particulier leurs convictions spirituelles et religieuses. Au fond c'est de remettre en cause ce conformisme social – qui est aussi un confort social – que la plupart des chefs et dirigeants d'entreprise reprochent, implicitement ou explicitement, à J.-Robert Ouimet.

« Ce qu'ils me disent, quand ils veulent bien me le dire, c'est que les valeurs spirituelles, a fortiori les valeurs de foi, n'ont pas leur place dans le monde économique de l'entreprise, que ce n'est pas mon rôle de chef d'entreprise que de m'en occuper, que je devrais me contenter de vivre personnellement de ces valeurs, de cette foi, de respecter autant qu'il est possible les personnes, d'être généreux de mon argent en aidant des œuvres charitables, et puis c'est tout ! Finalement je leur fais peur, même aux plus chrétiens d'entre eux, car ils pensent que je vais trop loin et cela leur semble fou. Et pourtant, pour réussir à implanter Notre Projet dans une entreprise ou une organisation, il suffit qu'il y ait à la tête, deux ou trois fous qui, sans oublier l'incontournable nécessité de la rentabilité concurrentielle, décident ensemble de prendre le risque de l'amour des humains, pas seuls et en comptant uniquement sur leurs propres forces humaines, mais avec Dieu ! »

La folie ! N'est-ce pas finalement ce à quoi s'expose tout chrétien qui – tout en se sachant et se reconnaissant faible et pécheur – veut cependant vivre sa vie chrétienne de manière radicale et authentique ? Saint Paul, n'a-t-il pas affirmé dans sa première lettre aux Corinthiens : « Ce qu'il y a de fou aux yeux du monde, voilà ce que Dieu a choisi pour couvrir de confusion les sages » ? J.-Robert Ouimet le sait... et il accepte de mettre dans sa vie d'homme et de chef d'entreprise ce qui est folie aux yeux des hommes, mais sagesse de l'amour pour le cœur de Dieu. Cette folie, il se souvient avec quel enthousiasme il l'a partagée avec deux membres du conseil d'administration et trois hauts dirigeants qu'il avait choisis pour s'engager avec lui dans l'aventure de Notre Projet :

« Durant les quinze premières années d'expérimentation du projet, nous allions ensemble chaque mois chez les dominicains de la côte Sainte-Catherine pour l'eucharistie et entendre ces belles homélies que savent faire les dominicains. Mais surtout nous nous y retrouvions en frères qui vivions ensemble les grandes tensions et ruptures du début de l'expérimentation et en même temps qui voyions apparaître tant de belles choses. Nous échangions, nous priions ensemble... C'était fantastique ! Si ces gars-là n'avaient pas été avec moi, je n'aurais pas tenu. Belle nourriture et gratuité de la part du Seigneur pour m'aider à ne pas me décourager. D'ailleurs nous nous revoyons chaque année depuis 2004, et nous constituons une sorte de fraternité semblable à celle des disciples sur la route d'Emmaüs. Et cette prière eucharistique mensuelle en milieu de travail a été continuée depuis cette époque jusqu'à nos jours. »

L'amour inconditionnel de Myriam

Bien qu'il ait toujours su que son épouse le soutenait dans ce combat, elle n'a cependant jamais exprimé ce soutien explicitement. Pourquoi ? Peu à peu l'évidence s'est manifestée : c'est son épouse, plus que lui-même, qui a eu à subir les conséquences de ses prises de position publiques. Les critiques que ses interlocuteurs – probablement méfiants à juste titre de la force de ses convictions et de la virulence possible de ses réparties

106

– n'osaient lui dire en face, ils les faisaient subtilement sentir à son épouse.

> « Il est vrai qu'elle n'a jamais jugé approprié de me dire : "Sais-tu que c'est fantastique ce que tu fais dans tes conférences publiques ? Sais-tu que c'est beau ce projet d'implantation dans l'entreprise de la doctrine sociale catholique ?"… C'est excellent pour mon orgueil, mais la raison m'en apparaît maintenant clairement. Depuis que nous sommes mariés, Myriam et moi vivons en contact avec des gens puissants des milieux politiques et économiques. Dans ce milieu, tout le monde sait que je suis chrétien, catholique pratiquant, que je ne crains pas d'en témoigner publiquement, que Notre Projet a un fort contenu spirituel et religieux et que quand je suis attaqué sur ce plan-là j'ai la parole facile pour répondre ! Alors, c'est Myriam qui subit les conséquences au sein de nos relations · réserves polies, scepticisme mondain, cynisme élégant, réflexions acides, éloignement de certaines relations qui me considèrent comme excessif, trop engagé, trop original… C'est encore plus fort aujourd'hui, mais le succès économique de nos entreprises "ferme la boîte", selon l'expression québécoise, de tous ces gens. Mais tout cela a profondément blessé Myriam et cela continue. Elle s'en est rarement plainte, mais cette souffrance silencieuse, au long des années, explique qu'elle se soit toujours tenue en quelque sorte en retrait par rapport à tout ce que j'essayais de faire avec Notre Projet et que nous communiquons peu sur ce plan-là. »

En même temps, il sait que Myriam est dans sa vie un des dons majeurs que le Seigneur lui a « prêtés », qu'elle a vraiment donné sa vie pour lui et leurs quatre enfants en sacrifiant une vie professionnelle qui s'annonçait pourtant prometteuse. De cela, il lui est profondément reconnaissant.

> « Myriam a donné sa vie pour moi et nos enfants. Elle me l'a dit il y a quelque temps, dans un moment de découragement : "J'ai donné ma vie pour toi et nos

quatre enfants, et je n'ai pas pensé à moi." Fin de citation... Et je dis : "Cela est vrai !" Moi aussi, j'ai donné ma vie pour Myriam et les enfants, mais j'ai eu des récompenses. Elle, elle a souffert de Notre Projet et elle est restée dans l'ombre. »

Mais de toutes les joies qu'il a connues avec Myriam, celle qui persiste à le toucher au plus profond est la preuve d'amour magnifique qu'il reçoit d'elle alors qu'il était prisonnier de ses habitudes mondaines de consommation d'alcool.

« C'était à la fin de 1987. Nous étions montés en voiture à Magog pour passer le week-end dans notre maison au bord du lac avec Myriam, les quatre enfants, la bonne, le chien et le chat ! En arrivant, le vendredi soir, j'avais encore mal à la tête des suites d'un sérieux excès de boisson de la veille... Il faisait froid. Je demande à Myriam : "Viendrais-tu faire une petite promenade avec moi ?" Je n'avais pas de suite dans les idées car j'avais trop mal à la tête. Dehors il devait faire – 30° ! Au bout d'une dizaine de minutes, nous commencions à geler. Tout à coup, Myriam m'a pris le bras et je m'attendais à ce qu'elle me fasse des reproches que je méritais largement. Au lieu de cela, elle m'a dit : "Robert, je t'aime, je t'aime beaucoup." C'est tout ce qu'elle m'a dit, mais cela a été le déclic. Je me suis dit : "Si elle t'aime encore dans cet état-là, alors il est temps que tu te remues !" Quelques jours plus tard, Myriam me dit : "J'ai rencontré récemment un médecin spécialiste des questions d'alcool. Si tu le voulais, il serait disposé à te recevoir." Elle m'avait dit : "Je t'aime !", sans aucune condition. Qu'est-ce qui serait arrivé si elle ne m'avait pas dit ça ? Mais j'ai vraiment eu le sentiment que c'était le Christ qui me disait à travers ma femme : "Je t'aime !" Alors j'ai appelé ce médecin. Je ne l'ai vu que six ou sept fois en l'espace de trois mois. Il a été pour moi un père et un frère, à la fois doux et scientifique. Nous avons fait le point de la situation à propos de l'alcool, à la fois chez moi et dans mon entourage. Il a fini par me dire :

"À mon point de vue, la seule solution pour vous, c'est l'abstention totale." Le 14 janvier 1988, en quittant son bureau, j'avais pris ma résolution. Depuis ce jour, je n'ai plus absorbé une goutte d'alcool… Mais si Myriam ne m'avait pas dit : "Je t'aime", je suis certain que j'aurais été absolument incapable d'arrêter. »

Cet arrêt radical et brutal de l'alcool semble avoir été à l'origine trois mois plus tard – le samedi saint – d'une grave attaque cardiaque qui nécessitera un quintuple pontage. Mais là encore J.-Robert Ouimet fait l'expérience de l'amour inconditionnel de sa femme.

« Pendant ces jours-là, Myriam a été magnifique de dévouement et de générosité. Et j'ai vraiment senti qu'elle m'aimait et qu'elle a eu peur de me perdre. Cela a été une étape très importante et précieuse dans notre vie de mariage. »

Les professeurs et les étudiants des universités de management

Autre cause de souffrance : l'attitude de nombreux professeurs des universités de management qui ont peur de se compromettre en intégrant dans leurs enseignements une prise en compte des valeurs spirituelles dans le management des hommes. En témoigne cette anecdote avec le doyen d'une grande Business School catholique des États-Unis :

« Je lui ai dit : "S'il y a une Business School dans tous les États-Unis qui devrait être la première à rendre obligatoire un cours sur la spiritualité dans le management, c'est ici, c'est la vôtre !" Il m'a répondu : "Robert, c'est impossible. Nous perdrions des étudiants et certains professeurs y sont opposés." Alors j'ai lâché : "Êtes-vous le doyen d'une grande Business School catholique, oui ou non ? Si votre Business School est vraiment catholique, pourquoi de pas l'affirmer publiquement en offrant à vos étudiants ce qu'aucune autre université n'offre actuellement ?" Pas de réponse... Depuis il ne veut plus me parler. J'y suis peut-être allé trop fort... »

Ou encore cet épisode douloureux de l'attitude critique et sceptique des étudiants en maîtrise de ressources humaines d'une grande université parisienne venus en 2007 à Montréal pour découvrir le « cas » des entreprises Ouimet :

« Cela a été une grande souffrance pour moi. Nous avions tout organisé soigneusement pour leur venue : la visite de nos deux usines, une réception au club Saint-Denis avec un buffet qui nous a coûté plusieurs milliers de dollars... Le premier jour, ils étaient cent trente étudiants avec leur présidente ; je leur ai peut-être dit des choses trop fortes, mais j'ai senti chez eux une révolte proche de la haine, et peut-être aussi un très grand orgueil. Ils m'ont fait des critiques virulentes : nos nombreuses activités de management seraient en France une attaque directe et publique à la laïcité et à la liberté des personnes, les valeurs spirituelles n'avaient pas leur place dans le milieu du travail, les personnes devaient être laissées libres de vivre ce qu'elles veulent, il était scandaleux de vouloir organiser un système spirituel de management humain, etc. Le deuxième jour, ils n'étaient plus que soixante, ceux qui s'étaient tus la veille ; les autres ne sont pas venus, sans prévenir, ni la présidente... Cela a été très purifiant pour moi. Mais le Seigneur a bien voulu me réserver une grande joie et une grande espérance. À la fin, il y a une quinzaine d'étudiants qui ont attendu pour me parler personnellement, les uns après les autres. Et là j'ai vu qu'il y avait quelque chose de puissant qui s'était passé en eux. Quand bien même il y en aurait eu que cinq ou même seulement deux, cela aurait été suffisant puisque selon le Christ un seul être humain vaut le cosmos tout entier. Pour ces seuls-là la souffrance que j'ai vécue valait la peine... »

Malgré le dédain ou le scepticisme de certains, l'expérience menée dans les entreprises du groupe Ouimet fait l'objet maintenant d'« études de cas » destinées aux étudiants des grandes universités et Business Schools : à l'IESE de Barcelone, à la Business School de l'Opus Dei, à la George Washington Business School, à la Fordham Business School de New York, à la St Thomas University de Minneapolis et bientôt à l'Ivey Business School d'Ontario au Canada. Ces initiatives manifestent l'intérêt des professeurs de management à l'égard de cette expérience exceptionnelle de mise en œuvre concrète des principes de la doctrine sociale de l'Église, exceptionnelle surtout par sa durée d'expérimentation – près de quarante ans de manière ininterrompue – et par la variété des activités expérimentées et évaluées. C'est ce qui fait dire à George Enderley, professeur de management à Notre-Dame University Business School, que l'expérience réalisée dans le groupe Ouimet n'a pas d'équivalent connu actuellement. Et c'est ce qui suscite un intérêt grandissant à l'égard de cette expérience qui se traduit par des demandes de visite des entreprises Ouimet de la part de personnalités économiques, politiques, universitaires ou de groupes constitués – plus de quatre-vingts à ce jour – et suscite des invitations de plus en plus nombreuses faites à J.-Robert Ouimet pour intervenir dans les universités, les Business Schools, les organisations patronales et syndicales et dans certaines entreprises, particulièrement en Inde. C'est ainsi que J.-Robert Ouimet a donné environ cent soixante-dix conférences en Europe, en Amérique du Nord, au Moyen-Orient et en Asie depuis la fin de son doctorat[1].

---

1. J.-Robert Ouimet a donné des conférences dans nombre d'universités et de Business Schools aux États-Unis, en Europe, au Moyen-Orient, en Asie, au Québec et au Canada, ainsi que dans de nombreuses associations, institutions et entreprises à travers le monde (voir liste en annexe).

Ces conférences et les quelques milliers de personnes qu'il a rencontrées à ces occasions font d'ailleurs sa grande joie, une joie qui compense largement les souffrances provoquées par les critiques dont il se sait l'objet.

> « Quand je croise leurs regards et que j'y vois que ce que je leur dis touche non seulement leurs intelligences mais surtout leurs cœurs, parce qu'ils sentent qu'il y a de la vérité dans ce que je leur dis, que ce qui est en jeu dans Notre Projet, c'est l'amour des humains et leur bien-être dans leur activité de travail par le vécu authentique de valeurs d'humanisation et de spiritualisation, alors je connais les plus grandes joies de ma vie de chef d'entreprise. Ce qui transparaît dans leurs regards est la meilleure confirmation que ce que nous essayons de faire et de vivre est vrai et juste. Et là rien ne peut m'arrêter ; je deviens dangereux ; j'ai l'impression de rajeunir de dix ans à chaque fois ! D'ailleurs mon épouse Myriam me dit de plus en plus souvent que ces tournées de conférences me font beaucoup de bien ! Quand j'en reviens, alors que je devrais être épuisé, je déborde d'énergie et ma puissance de travail est décuplée ! »

Et puis, grande joie qui est aussi une consécration de taille, J.-Robert Ouimet a été élu en 2007 Mentor du Siècle par la majorité des étudiants du MBA d'HEC Montréal à l'occasion de la célébration du centenaire de la fondation de leur école. Dans le cadre des manifestations de ce centenaire l'association des étudiants d'HEC Montréal a organisé une vaste consultation par Internet auprès de l'ensemble des étudiants afin d'élire un chef d'entreprise ayant incarné dans sa vie de chef d'entreprise l'idéal entrepreneurial de leur école et susceptible d'être pour eux une référence et un exemple. J.-Robert Ouimet a obtenu le plus grand nombre de votes et s'est vu décerner cette prestigieuse distinction au cours d'une cérémonie officielle à l'Hôtel Reine-Elizabeth de Montréal.

« Cette élection a été organisée par les étudiants eux-mêmes. La direction d'HEC n'avait rien à voir là-dedans. Pour des raisons que je ne m'explique absolument pas, c'est moi qu'ils ont choisi. Ils auraient pu choisir un chef d'une très grande entreprise. Ils ont choisi le patron d'une entreprise de taille moyenne. Je ressens cela comme une grande délicatesse. Mais les médias se sont peu faits l'écho de cette élection. Je peux me tromper mais je pense que s'ils en ont peu parlé, c'est à cause de ma singularité catholique qui est bien connue... »

Le regard de l'Église

Autre source de souffrance encore, l'indifférence apparente de la hiérarchie de l'Église du Canada. Indifférence bien paradoxale d'ailleurs, puisque Notre Projet se veut précisément une application concrète, opérationnelle, de ce à quoi l'Église ne cesse depuis plus d'un siècle d'inviter les responsables économiques à travers sa doctrine sociale ! On pourrait comprendre que ses responsables s'intéressent davantage à une expérience hors du commun qui atteste d'ailleurs par ses fruits de la pertinence des principes que l'Église promeut dans sa doctrine sociale...

« Le cardinal Ouellet est le seul qui ait demandé une présentation de Notre Projet. Je l'ai faite devant lui et toute son équipe. Et depuis, aucun suivi... Il y a trois ans, j'ai eu l'occasion d'échanger sur Notre Projet seul à seul avec le cardinal Martino de la Commission Justice et Paix à Rome. À la fin de notre rencontre il a bien voulu me remettre un exemplaire dédicacé de la toute récente édition du *Compendium* sur la doctrine sociale de l'Église. Depuis, rien... Mais je comprends que tout cela passe par-dessus la tête de nos évêques. Ce n'est pas dans leurs préoccupations immédiates. Ils sont inondés de souffrances, de défis, de difficultés, avec des églises qui sont de moins en moins pleines, une réduction considérable des vocations ou des vocations solides… Jean-Paul le Grand, s'il m'avait été donné l'immense privilège de lui présenter nos activités de management, je suis certain qu'il aurait compris en moins de cinq minutes la complémentarité et l'effet cumulatif de toutes les activités du SIOM Humain en milieu de travail ! Parce qu'il a travaillé en usine, qu'il a vu des humains manger de la misère… alors il aurait vu tout de suite que c'est cela qu'il faut faire. C'est d'ailleurs ce que m'a confirmé son ancien secrétaire particulier, le cardinal Dziwisz, aujourd'hui archevêque de Cracovie, que j'ai eu la chance de pouvoir rencontrer en 2008 avec quelques membres de notre fondation À Dieu va ! »

Mais parallèlement à cela, la grande joie et le grand réconfort de pouvoir compter sur la coopération spirituelle de communautés contemplatives, celle de la branche contemplative des Missionnaires de la Charité de Mère Teresa à Calcutta, celle des bénédictines du monastère Sainte-Marie-des-Deux-Montagnes au Nord de Montréal, celle de la communauté de l'Alliance à Trois-Rivières, de la communauté Marie Jeunesse de Sherbrooke… Toutes ces communautés adhèrent au projet de l'entreprise, en accompagnent de leur prière le vécu quotidien et sont indéfectiblement fidèles au rendez-vous mensuel de l'eucharistie avec certains membres du conseil d'administration et du management de l'entreprise dans une prière réciproque aux intentions respectives de l'entreprise et de chaque communauté.

Le personnel de l'entreprise

Mais ce dont a peut-être le plus souffert J.-Robert Ouimet, c'est de la méfiance et de la suspicion des personnels de ses entreprises : « Pourquoi fait-il cela ?

Quels intérêts cachés cela dissimule-t-il ? Est-ce que nous ne nous faisons pas avoir ? Est-il vraiment désintéressé ? Ne veut-il pas nous "embobiner" dans sa foi catholique ?.... » Bien sûr, des erreurs ou des maladresses ont été commises. On a déjà relevé par exemple l'imprudence d'avoir installé la première salle de prière dans l'entreprise sans aucune consultation du personnel, et de surcroît à proximité du bureau de J.-Robert Ouimet ! Mais que de patience il a fallu, de persévérance, pour apprivoiser peu à peu les membres du personnel, les rassurer et les convaincre qu'il n'y avait aucune intention de prosélytisme et que le seul but recherché était celui de leur permettre d'être davantage heureux dans leur activité de travail.

> « Si on prend seulement l'exemple de l'activité des témoignages en milieu de travail. C'est la première activité que nous avons mise en place, inspirée de l'expérience des Déjeuners de la prière et de celle des Alcooliques anonymes. Il a fallu cinq à huit ans de patience pour les convaincre qu'ils étaient vraiment libres de venir ou pas ! Ils avaient peur de se faire manipuler et ils nous suspectaient de vouloir les "embarquer" malgré eux. Si, avec ceux qui ont démarré cela avec moi, nous n'avions pas été des priants, nous aurions lâché car c'est trop dur de devoir s'affronter à de pareilles résistances… »

Mais en regard de ces souffrances, quelques grandes joies que J.-Robert Ouimet reçoit comme des cadeaux du Ciel :

> « La grande joie du témoignage de cet administrateur qui, à la fin d'une réunion qui avait débuté par un temps de méditation et de prière, me dit : "Robert, ça me fait tellement de bien !" Ou cette femme à un haut niveau de responsabilité dans l'organisation qui me dit : "Monsieur Ouimet, vous ne venez plus souvent à l'usine ; il faudrait que vous veniez davantage." Et,

115

parce que je lui demande pourquoi : "Eh bien, on vous aime !" C'est la seule fois dans toute ma vie où j'ai entendu cela. Et c'est d'ailleurs mieux comme cela, parce que l'orgueil c'est dangereux... Ou encore ce haut cadre dirigeant de l'entreprise qui m'avoue : "Monsieur Ouimet, je ne suis plus le même homme qu'il y a cinq ans, quand je suis arrivé dans l'entreprise. Je suis devenu meilleur, plus heureux, j'ai grandi en humanité et en humilité, et c'est à vous que je le dois." Je lui ai immédiatement répondu que ce n'était pas à cause de moi, mais ce sont des joies qui font du bien et que j'accepte avec gratitude, comme des clins d'œil des Trois qui me disent par là : "Ne lâche pas !" Et encore cet autre cadeau du ciel, tellement précieux dans ma vie, d'une lettre manuscrite de Mère Teresa adressée à Myriam et moi-même depuis Moscou à la fin de l'année 1988, quelques mois après sa visite de l'entreprise, où elle nous écrivait : "J'ai été tellement heureuse d'être avec vous sur votre site de travail. Les personnes que j'ai rencontrées – je pouvais voir leur joie de s'aimer – laquelle provient d'un cœur pur dans l'amour avec Dieu. Tous ensemble, conservez cette joie d'aimer Dieu et partagez cette joie avec chaque personne que vous rencontrez." Le Seigneur n'était pas obligé de m'envoyer ces joies, alors je Le remercie parce que cela prouve que nous essayons de vivre et de gérer avec Lui et que cela produit des fruits d'amour, qu'Il est là et que ce que nous faisons, cela fait son affaire. Quand l'amour croît dans un milieu de travail, c'est parce que Dieu est là et que ça l'intéresse. Quand l'amour ne s'accroît pas, c'est que Dieu n'est plus là... »

Des joies rares, mais profondes

Les épreuves, les croix, ont été à ce jour plus nombreuses que les joies ? Peut-être, sans doute même. Mais devant l'objection, J.-Robert Ouimet n'hésite pas à se référer au Christ Lui-même :

« C'est vrai que les joies ont été rares. Mais je ne m'en plains pas au Seigneur. Il a toujours été bien trop généreux pour moi. J'ai d'ailleurs souvent pensé que le Christ n'avait pas eu beaucoup de joies dans sa vie terrestre. Alors je me dis à moi-même : "S'il n'a pas eu beaucoup de joies, Lui qui était la vérité vraie, la générosité totale, la compassion absolue, de quoi ai-je le droit de me plaindre ?" Sur les dix lépreux qu'Il a guéris, il n'y en a qu'un seul qui est revenu pour lui dire merci. Je le prie chaque jour, ce lépreux, parce que je suis sûr que c'est lui qui a apporté au Christ l'une de ses plus grandes joies dans sa vie. Parce que, dans les Évangiles, c'est le seul cas dont je me souvienne, où quelqu'un est revenu pour lui dire merci. Les joies que j'ai connues dans ma vie de chef d'entreprise ont été rares, c'est vrai, mais je ne les avais pas demandées. Alors j'en remercie le Seigneur. Et puis ces joies ont été tellement fortes cumulées ensemble, qu'aujourd'hui, je ne suis pas décourageable. »

Jésus-Christ, encore et toujours, l'unique référence, le modèle, le compagnon de chaque jour, l'Ami fidèle envers et contre tout...

7

Chef d'entreprise et docteur

La thèse de doctorat que J.-Robert Ouimet a présentée et soutenue à la faculté des sciences économiques et sociales de l'université de Fribourg est un véritable monument : plus de 1 500 pages... Cette thèse dont il a commencé d'entreprendre la rédaction à l'âge de cinquante-quatre ans lui demandera neuf années et demi de labeur acharné, accompagné de ses deux codirecteurs de thèse, le professeur Maurice Villet, diplômé de Harvard, et le père Roger Berthouzoz, o.p., respectivement professeur de sciences économiques et professeur de théologie et d'éthique à l'université de Fribourg.

On a de la peine à imaginer comment J.-Robert Ouimet a pu réussir à consacrer le temps et l'énergie nécessaire à l'élaboration d'une telle œuvre universitaire tout en continuant à diriger ses entreprises. Quand on sait les charges qui pèsent sur les épaules d'un chef d'entreprise et quand on connaît les exigences d'un travail universitaire de ce niveau, cela semble relever de l'impossible. Certes, l'objet de la thèse était en prise directe avec sa responsabilité de chef d'entreprise, comme en atteste le titre : *De nouveaux outils de gestion pour l'entreprise apports au bonheur humain et à la profitabilité. Pratiques de valeurs d'humanisation et de spiritualisation en économie de marché.* C'est donc toute l'expérimentation mise en œuvre de manière systématique depuis 1961 dans les entreprises Ouimet qui donnera la matière de l'approche scientifique de la thèse. Mais au-delà de sa valeur scientifique, ce travail manifeste la détermination forcenée de J.-Robert Ouimet pour chercher des moyens de vivre concrètement les principes de la doctrine sociale de l'Église dans l'univers concurrentiel de l'économie de marché et en prouver par là la pertinence et le bien fondé.

Ora et labora en milieu d'entreprise

C'est de sa longue fréquentation des bénédictins que germe l'idée directrice de sa thèse de doctorat. Depuis sa première rencontre avec Dom Vidal lors de cette semaine sainte de 1953 où, président des étudiants de sa classe d'HEC Montréal, il avait entraîné ses camarades à une retraite à l'abbaye de Saint-Benoît-du-Lac, J.-Robert Ouimet est venu très régulièrement faire des séjours à l'abbaye – environ trois cent cinquante fois d'après ses estimations ! – et il a toujours éprouvé un attachement particulier pour la spiritualité bénédictine, une spiritualité marquée par l'alliance de la prière et du travail, selon la belle devise donnée par saint Benoît de Nursie à ses moines : « *Ora et labora* – Prie et travaille ». Cette devise devient peu à peu pour lui une sorte d'obsession et la source d'un questionnement fondamental : si les moines bénédictins parviennent à un tel équilibre humain par une vie organisée autour du travail et de la prière au point que ces deux dimensions de leur vie, tout en demeurant distinctes, se conjuguent intimement pour devenir la cause profonde de leur unité intérieure, ne serait-il pas possible – *mutatis mutandis* – de vivre cet idéal dans l'univers de l'entreprise en économie de marché ?

« À mesure que je fréquentais les bénédictins et que j'exerçais dans le même temps ma responsabilité de chef d'entreprise, la question revenait, lancinante, intrigante, permanente : "Pour nous qui sommes plongés dans les exigences de la vie d'entreprise, comment faire pour qu'il n'y ait pas de scission entre le travail et la prière ? Comment faire pour que le travail en entreprise fasse partie de la vie spirituelle ?" C'est cette question, reçue dans mon pauvre cœur fragile, qui m'a amené à la décision finale d'entreprendre une thèse dont le sujet est au fond : "Comment vivre *Ora et labora* comme chef d'entreprise dans le milieu économique de concurrence ?", ou encore "Comment prier son travail ?" »

À l'ombre de la prière des moines

Lors de ses nombreux voyages à Fribourg pour rencontrer ses deux directeurs de thèse, c'est à l'hospitalité des moines cisterciens de l'abbaye d'Hauterive, qu'il a recours. Les cisterciens – ceux que l'on appelle parfois les « bénédictins blancs » – tirent leur nom de l'abbaye de Cîteaux en France où à la fin du XIe siècle des moines bénédictins entreprennent de vivre leur règle dans une plus grande exigence de pauvreté. Chez ces membres de la grande famille bénédictine, J.-Robert Ouimet se sent en terre de connaissance. L'abbaye est située dans un cadre paisible, au bord de la rivière Sarine, à quelques kilomètres de Fribourg, et lui offre une atmosphère de calme et de prière, tout imprégnée de la devise bénédictine qui est précisément ce qu'il essaie de rendre possible dans ses entreprises.

« Avec le professeur Villet et le père Berthouzoz nous nous sommes vus environ trente-cinq fois à l'abbaye d'Hauterive où je faisais des séjours de six à sept jours à chaque fois. Je préférais ne pas aller à l'université et je leur avais demandé s'ils voulaient bien me rejoindre à l'abbaye car je m'y sentais bien pour travailler. Je retrouvais toujours la même chambre à l'hôtellerie, y prenais mes repas, suivais avec les moines l'office des vêpres et des complies, participais quotidiennement à l'eucharistie et me ménageais quelques pauses pour m'aérer en me promenant le long de la Sarine. À part cela, je travaillais comme un fou, jour et nuit ! J'adorais cela, d'ailleurs ! »

Deux nuits pour un plan

L'investissement de ses deux co-directeurs de thèse dans le suivi de son travail a été tout à fait exceptionnel. Au cours des neuf années et demi d'élaboration de la thèse, le professeur Villet n'a pas hésité à venir à neuf reprises à Montréal pour visiter les usines, rencontrer les personnels de l'entreprise, les administrateurs, s'informer, vérifier les données... Le père Berthouzoz est intervenu dans le travail de la thèse à la demande du professeur Villet qui a vite perçu que la thèse n'engageait pas que des perspectives économiques mais référait également à un questionnement moral, philosophique et théologique pour lequel les compétences d'un moraliste et théologien étaient requises. Lui aussi est venu à Montréal à cinq reprises.

« J'ai insisté pour qu'ils viennent parce que je voulais qu'ils voient de leurs yeux que ce que je leur racontais, ce n'était pas du rêve mais du réel. En plus de neuf années, ils ont pu constater l'évolution des personnes, la progression du bonheur humain dans l'entreprise. Ils ont aussi été à même de percevoir les contradictions et les ruptures dans l'implantation des activités de management et de se confronter aux périodes très dures que nous avons connues. Ils se sont tous les deux passionnés pour cette aventure et c'est pourquoi, peu à peu, la thèse est devenue en quelque sorte leur thèse et ils y ont consacré l'un et l'autre un temps colossal, de manière tout à fait inusitée. Avec eux le travail a été beaucoup plus qu'une coopération intellectuelle, cela a été une présence, un accompagnement fraternel. Et à la fin de chacune de nos réunions, nous faisions une méditation et une prière. »

Mais cette profonde osmose entre J.-Robert Ouimet et ses deux co-directeurs de thèse n'empêchent nullement ces derniers de se montrer très exigeants avec leur doctorant, bien au contraire...

« Je me souviens du jour où Monsieur Villet et le père Roger ont entièrement désarticulé le plan de la thèse qui était pourtant déjà bien avancé. Nous étions dans un monastère à l'extrémité est du lac Léman où nous avions passé quatre jours à travailler ensemble. Ils s'y sont mis tous les deux et ils m'ont tout flanqué par terre ! Mais je sentais qu'ils le faisaient avec affection, avec leur cerveau, mais aussi avec amour. En une nuit, j'ai repris tout le plan de la thèse et l'ai envoyé par fax à Montréal pour qu'on me le retourne dactylographié. Je leur ai soumis la nouvelle version le lendemain matin. À nouveau, ils ont tout démonté, *up side down* ! Je n'ai pas été découragé, mais cela a été terrible, un vrai broyage intellectuel ! À nouveau, j'ai tout réécris dans la nuit. La deuxième version, ils l'ont jugée enfin bonne... »

La boucle de rétroaction des valeurs

Un grand tournant dans l'élaboration de la thèse a été la découverte avec le professeur Villet de la boucle de rétroaction des valeurs qui constitue un des apports scientifiques majeurs du travail car c'est ce qui permet de modéliser toute la dynamique des valeurs et des contre-valeurs dans le milieu de travail.

« Cela se passait à Boston, dans Boston Harbour, avec M. Villet. Nous avions beaucoup travaillé plusieurs activités de management dont nous avions mesuré les retombées en termes de valeurs. Nous avions bien vu que les activités apportaient des valeurs souvent différentes. Certaines d'entre elles se complétaient. Certaines activités apportaient des valeurs presque semblables à d'autres activités. En même temps nous percevions l'existence en milieu de travail de contre-valeurs qui ne sont finalement que les conséquences dans la vie de travail du péché originel dont le cœur de l'homme est blessé et qui le pousse à l'orgueil, l'avarice, l'envie, la colère, la paresse, etc. Mais nous ne parvenions pas à intégrer tout cela dans une modélisation, un système cohérent. Il devait être deux heures du matin et nous travaillions ensemble depuis le matin sans interruption à part les repas. Nous étions tous les deux épuisés... À un moment, M. Villet prend une feuille blanche sur laquelle il trace un cercle puis un autre ; il réfléchit un moment et il me dit : "Robert, c'est un ensemble vivant ! Ces valeurs sont en mouvement permanent. Elles se conditionnent, se renforcent et se complètent les unes les autres. Il y a des valeurs positives, d'autres négatives qui s'affrontent aux premières, puis de nouvelles valeurs qui sont générées par les autres activités de management. Et tout cela fonctionne en boucle de rétroaction." C'était une révélation. Nous étions enfin parvenus à représenter de manière cohérente et systémique la dynamique des valeurs engendrées par les différents outils de management et leur confrontation avec les contre-valeurs et avec les valeurs issues des contradictions et ruptures. »

L'expérience partagée de la lumière qui surgit tout à coup dans l'intelligence après avoir beaucoup cherché et peiné, de l'exaltation lorsque ce qui était obscur et confus semble enfin se dénouer, s'éclairer, s'ordonner, de la paix de l'âme qui succède au combat de la raison, est de celles qui unissent les personnes pour la vie dans une indéfectible communion des esprits et des cœurs.

C'est ce qui explique l'émotion profonde qui s'empare de J.-Robert Ouimet lorsque, plus de dix ans après la soutenance de sa thèse, alors qu'il revient à Fribourg pour communiquer aux étudiants de l'Institut Philanthropos les fruits de sa recherche et de son expérience, il voit s'introduire discrètement dans la salle et s'installer au dernier rang, le professeur Villet qui vient suivre le cours de son ancien étudiant et dont le regard semble lui redire ce qu'il lui a si souvent dit au long de ces dures années de recherche : « Ne lâchez pas, Robert ! Ce modèle de gestion est révolutionnaire. Il peut sauver l'économie de marché. »

Depuis le lever du soleil…

Après les recherches et la mise au point de la structure d'ensemble de la thèse, vient le temps de la rédaction, une épreuve redoutée de tous les candidats docteurs ! Pour mener à bien ce travail, J.-Robert Ouimet s'oblige à Montréal à un rythme de travail régulier et draconien.

« Les derniers dix-huit mois de la thèse, pour le travail de rédaction final, j'avais pris un rythme d'enfer. Chaque jour, six jours par semaine, j'allais au centre de l'Opus Dei à Montréal, dont je n'ai jamais fait partie mais qui était tout proche de la maison que j'habitais à l'époque. Les responsables du centre m'avaient mis à disposition une chambre très calme qui donnait sur la forêt. Et là, je travaillais sans interruption du lever du soleil jusqu'à 2 heures de l'après-midi. Après cela je passais à mon bureau, puis j'allais faire un tennis. Et là, je peux vous dire que les balles volaient ! Ensuite j'allais à l'eucharistie à 17 heures, puis je revenais au bureau pour travailler pour l'entreprise jusqu'à 20 heures ou 20 h 30. La seule chose qui m'a permis de tenir ce rythme, c'est le jumelage du sport et de l'eucharistie quotidienne. Et puis le fait que Myriam ne m'a pas lâché pendant tout ce temps là. Parce que quand j'étais là, en fait, je n'étais que physiquement là. Pendant toutes ces années difficiles, elle m'a enduré, et pourtant je n'étais pas facile à côtoyer ! Mais elle n'a pas lâché... »

La consécration

Au terme de cette véritable épopée arrive enfin, en 1997, la soutenance devant le jury de thèse à l'université de Fribourg. J.-Robert Ouimet avait demandé à ce que la soutenance puisse avoir lieu dans une salle située le plus près possible de la chapelle de l'université... À cet examen de défense il obtient la mention *Magna cum laude*.

« Cette thèse, elle est écrite et bien écrite. Elle contient de bonnes choses et établit ce que peut être un système de management qui rend possible, pour les personnes qui le désirent, de vivre *Ora et labora* en milieu d'entreprise concurrentielle. C'est un système de management qui, pourvu qu'il soit animé par des personnes qui ont un leadership approprié, est capable de faire de tout travail humain, dans toute organisation, quelque chose de beau, qui nous rend plus humain, nous nourrit en valeurs et nous aide à nous aimer un peu mieux les uns les autres, à nous respecter davantage et en même temps à être plus efficaces dans nos responsabilités de gestionnaires économiques. Il est possible que tout cela ne soit pris en compte par les managers que dans vingt, cinquante ou cent ans, je m'en moque ! Mais il est désormais établi par cette thèse que c'est possible, même si cela demeure très dur. »

C'est là tout l'intérêt de la thèse de doctorat de J.-Robert Ouimet. Il ne s'est pas contenté de mettre en œuvre la doctrine sociale de l'Église dans ses entreprises, il a cherché à formaliser cette expérience, à la réfléchir, à la systématiser, de telle sorte qu'elle soit valablement reproductible ailleurs que dans ses entreprises. C'est ce que valide sa thèse et ce n'est pas le moindre de ses mérites. La consécration universitaire qui lui a été accordée n'est pas seulement ce qui lui confère autorité pour s'exprimer comme il le fait si souvent sur les campus universitaires et pour différentes organisations à travers le monde. C'est ce qui devrait convaincre beaucoup de chefs d'entreprise – chrétiens ou non – que les principes de Notre Projet pourraient être utilement mis en œuvre dans leur propre entreprise. Qu'il ne s'agit pas de lubies d'un chef d'entreprise catholique qu'il est trop commode de qualifier d'exalté, d'absolu, d'extrême ou d'illuminé pour se dispenser de le suivre, mais d'un système de management valide, vérifié et applicable dans toute entreprise ou organisation où les personnes veulent travailler d'une manière qui leur permette de mieux réaliser leurs aspirations les plus profondes.

C'est cela qu'authentifie le titre de docteur en sciences économiques et sociales que J.-Robert Ouimet se plaît à faire figurer sur ses cartes et sa correspondance professionnelles. Pas par vanité. Ce n'est pas le genre du personnage, on l'aura compris. Mais parce que ce titre de docteur signifie qu'a été scientifiquement validé un système de management susceptible de rendre le travail humain davantage conforme aux exigences éternelles de l'humanité. Et puis – non pas revanche à l'égard des critiques, mais légitime satisfaction tout de même – ce titre prouve que l'on peut être chef d'entreprise et catholique pratiquant sans être pour autant trop démuni intellectuellement...

8

Un homme qui croit au démon

J.-Robert Ouimet est à l'évidence un homme qui aime à cultiver les paradoxes, parfois jusqu'à la limite de la provocation. Sortir du rang ne lui fait pas peur, bien au contraire, et s'il sait se plier aux usages lorsqu'il le faut, il déteste souverainement le conformisme. Est-ce pour cela qu'il ne craint pas d'affirmer qu'il croit au démon, au diable, à Satan, que pour sa part il préfère appeler « l'écœurant » ? Pas seulement, ni d'abord. C'est surtout parce que J.-Robert Ouimet a fait, en de nombreuses circonstances dans sa vie, l'expérience intime de la présence et de l'action de l'esprit du mal que son existence relève pour lui de l'évidence.

« Il ne dit pas faux, mais il ne dit pas tout ! »

« S'il y a quelque chose de beau dans ma vie, cela ne vient pas de moi, mais de Dieu. Cependant j'y ai engagé ma liberté : cela ne vient pas de moi, mais c'est moi qui l'ai vécu et qui ai choisi de le vivre avec Lui. Nous avons tous la liberté constante de faire des choix, d'aller à droite alors que nous savons que nous devrions aller à

gauche. Nous sommes libres, pas des robots ou des escla-
ves, et la liberté humaine qui nous est accordée par Dieu
fait de nous des êtres privilégiés et des êtres responsables.
Cela dit, dans l'usage de notre liberté, nous pouvons être
trompés, aveuglés par l'opposé de Dieu. Le démon, pour
moi, il existe ! »

Une des principales astuces du démon c'est de
toujours dévoiler une partie de la vérité, mais une
partie seulement, et c'est là que se révèle sa suprême
intelligence avec laquelle l'intelligence humaine n'a
aucune chance de pouvoir rivaliser.

« Dans ce que suggère l'opposé de Dieu Amour, il y a
toujours du vrai ! C'est par cette part de vrai que
comporte ce qu'il nous suggère qu'il cherche à nous
séduire. Parce qu'il est très intelligent, il ne dit pas faux,
mais il ne dit pas tout. Et c'est dans le "pas tout" qu'on
se fait régulièrement avoir ! »

« Prie moins et sois plus à la maison »

Lorsque son épouse lui reproche le temps qu'il
passe à prier au détriment de sa vie familiale, la ruse
est subtile, d'autant qu'elle s'exprime par une voix à
laquelle il ne peut rester insensible.

« C'était dans les années 1980-1985, au cours d'une
période difficile que traversait notre mariage. Myriam, en
certaines occasions, me disait : "Prie donc moins, et sois
plus à la maison !" C'était apparemment plein de bon
sens ! Je consacrais beaucoup de temps à la prière et cela
ne donnait pas grand-chose puisque je n'étais pas présent
à la maison auprès de ceux que j'aurais dû aimer en priorité. Donc ma prière ne servait à rien puisqu'elle ne
portait pas de fruits. Donc je n'avais qu'à moins prier...
Cela c'était vraiment une manœuvre du Démon à travers
Myriam et sans qu'elle s'en aperçoive. Car c'était en fin

de compte la tentation de me sauver par moi-même, sans l'aide de Dieu. Ce qu'il y avait de juste et de vrai dans la réaction de Myriam, c'est que si ma prière était vraie, elle aurait dû porter des fruits visibles d'amour, et ces fruits, elle ne les voyait pas. Mais sa conclusion n'était pas juste. Ce n'était pas moins prier qui était la solution, mais peut-être mieux prier, ou prier davantage pour avoir la force d'être plus à la maison et d'aimer ceux qui avaient besoin que je leur montre que je les aimais. C'est bien là la subtilité écœurante de l'opposé de Dieu, du démon. Il est ignoble ! Il nous présente les pires choses, mais emballées d'une manière tellement séduisante que, sans la prière, nous pouvons être certains de nous faire avoir à tous les coups ! Aujourd'hui, je n'hésite pas à affirmer que si je m'étais mis à prier moins, non seulement j'aurais été encore moins présent à la maison, mais d'une part je n'aurais certainement pas réussi à cesser la consommation d'alcool, et d'autre part je me serais sûrement jeté dans d'autres aventures destructives pour mon mariage et ma vie. »

« Vous prenez-vous pour Dieu ? »

Le père du mensonge est également le père de l'orgueil. Et l'orgueil est d'une nature beaucoup plus subtile que la simple vanité, cette sorte d'hypertrophie de l'ego avec laquelle on le confond trop souvent et à tort. L'orgueil, dans ses formes les plus élaborées et les plus pernicieuses peut aller jusqu'à prendre les apparences de l'humilité. C'est ce dont J.-Robert Ouimet a fait l'expérience dans sa manière d'aborder le sacrement de la réconciliation jusqu'au jour où son père spirituel de l'époque, le père Marc Roy, un des grands prédicateurs des années 1980 et 1990 au Québec, lui a paternellement mais fermement ouvert les yeux :

« À compter des années 1985-1990, j'ai reçu très souvent le sacrement de la réconciliation du père Marc. Et très souvent je déposais dans le cœur du Christ les mêmes manques d'amour dont plusieurs graves. Un jour, à la fin d'une confession, le père Marc m'a demandé : "Lorsque vous accusez vos péchés au sacrement de la réconciliation, donc au Seigneur, êtes-vous absolument sûr et certain que le Seigneur vous a pardonné tous vos péchés, particulièrement les plus répétitifs ?" J'ai répondu sans hésitation : "Oui, père." Le père Marc a poursuivi : "Mais vous, M. Ouimet, comment vous sentez-vous après avoir reçu le sacrement du pardon du Christ ?" – "Père, je sais que je suis pardonné, mais au fond de moi-même, ça ne va pas, je ne suis pas content de moi, je suis triste d'avoir recommencé les mêmes péchés qui sont des manques d'amour" – "Mais vous venez de me dire que le Christ vous a pardonné et que vous en êtes convaincu, alors pourquoi vous sentez-vous mal ? Est-ce uniquement parce que vous êtes triste d'avoir de nouveau fait de la peine au Seigneur ?" Cette dernière question du père Marc m'a mis très mal à l'aise mais j'ai senti qu'elle était importante et je lui ai demandé de me permettre d'y réfléchir jusqu'à notre prochaine rencontre. Trois semaines plus tard, j'ai avoué au père Marc : "Mon père, j'ai trouvé la raison pour laquelle je me sens coupable et je me sens très mal à l'aise. En fait je ne suis pas content de ne pas avoir réussi à me contrôler, de ne pas avoir réussi par moi-même à changer les choses dans ma vie. Je suis capable de faire preuve de beaucoup de volonté pour beaucoup de choses, mais dans les domaines en question, je suis très faible et je n'aime pas cela. C'est pour cela que je persiste à me sentir coupable. En fait, c'est très dur de l'avouer, mais jusqu'à un certain point je veux être capable de me sauver moi-même et d'éliminer par mes efforts les péchés, les manques d'amour les plus importants de ma vie." Et là le père Marc a été très net : "Vous me dites que vous croyez que le Seigneur vous a pardonné vos manques d'amour répétitifs et pourtant vous vous sentez encore coupable. Donc vous considérez que vous n'êtes pas vraiment pardonné ! Pour qui vous prenez-vous ? Est-ce que c'est Lui qui juge de vous pardonner ou est-ce que c'est vous qui jugez de vous pardonner à vous-même ? Pour qui vous prenez-vous, pour le Créateur ou pour la Créature ?" C'est là que j'ai compris que, subtilement, sous prétexte de me perfectionner, je me prenais pour Dieu : je voulais me sauver par mes propres forces et j'étais contrarié de ne pas y réussir. J'ai compris que Dieu m'avait pardonné, mais que moi, je ne m'étais pas pardonné. Le père Marc m'avait aidé à découvrir en moi du pur orgueil. Voilà l'œuvre du démon. L'orgueil, c'est la marque de l'écœurant. Le père Marc venait de me le faire comprendre et de m'aider à franchir ainsi une étape colossale dans ma vie. La grande leçon que j'ai retenue de lui, c'est qu'on ne se sauve pas à la force de nos poignets. »

Le pouvoir est son royaume

J.-Robert Ouimet est un homme de pouvoir. Il le reconnaît : il aime le pouvoir. Il l'a toujours aimé, et d'ailleurs toujours connu. Mais il sait l'ambiguïté fondamentale du pouvoir et l'alternative radicale qui se présente à celui qui en est investi : en faire un moyen de servir ou en faire un moyen de domination et de manipulation.

« Je me connais. Le pouvoir, j'aime çà ! Je crois d'ailleurs qu'il n'y a pas un humain qui n'aime pas le pouvoir. Et c'est depuis toujours. La tentation dans le jardin d'Eden, c'était la tentation du pouvoir. Les endroits où le règne du démon est le mieux installé sont ceux où il y a le plus de pouvoir, quelle que soit la forme de ce pouvoir. Pas seulement le pouvoir économique ou politique, mais également le pouvoir spirituel. Le pouvoir, c'est son royaume ! »

C'est parce qu'il est détenteur d'un pouvoir absolu dans ses entreprises – il en est l'unique actionnaire – que J.-Robert Ouimet se sait particulièrement exposé aux tentations d'en abuser et qu'il se méfie des pièges de l'orgueil.

« Depuis que je suis né, je suis en situation de pouvoir. Je n'ai jamais connu la condition de subordonné. Fils unique, pouvoir ! Seul actionnaire, pouvoir ! C'est finalement très agréable... On peut se permettre d'être démocratique, de consulter, puisqu'il n'y a aucun danger pour soi-même, qu'on ne risque jamais d'être mis dehors ! Je parle pour moi, mais je suis certain que ce que je dis s'applique à n'importe quel humain : avec le temps, le pouvoir, surtout quand il est absolu, ramollit, donne l'impression d'une sécurité à toute épreuve. Alors, peu à peu, de manière insensible, le pouvoir peut rendre arrogant, écrasant, dominateur et finalement profondément égoïste. Et le démon joue là-dessus, car le pouvoir est son domaine de prédilection. On accumule un million sur un compte personnel après impôts. Et puis on se dit qu'il pourrait y avoir de grandes crises et qu'il serait plus prudent d'avoir deux millions en réserve et cela sous les meilleurs prétextes, par exemple que cela permettrait de mieux protéger les personnes dont on a la charge. Et là l'écœurant est très subtil ; il va suggérer : "Deux millions, ce n'est pas assez. Tu devrais aller jusqu'à cinq, parce que, comme cela, tu va pouvoir racheter l'un ou l'autre de tes concurrents." Ce qui est d'ailleurs vrai ! Et ensuite il suggérera : "Mais quinze millions de réserve, ce serait mieux parce que... et ensuite trente millions." Il est rare que ce qu'il suggère ne soit pas vrai. C'est ce qui fait la force de la tentation et qui produit l'aveuglement. Et puis le pouvoir fait en sorte que l'on est de plus en plus entouré de flatteurs. Il est très difficile de résister à la flatterie de ceux qui vous disent toujours que vous avez raison, que ce que vous faites est bien, car finalement c'est très agréable... Ne plus voir clair, c'est un des grands risques du pouvoir. Il m'a fallu des efforts considérables pour avoir dans notre conseil d'administration des administrateurs qui étaient capables de me résister, de me contredire et de me tenir tête et j'ai dû consacrer beaucoup de temps à les recruter. Mais avec le Seigneur, j'ai réussi à en trouver. C'est absolument fondamental, très particulièrement dans une entreprise privée comme la nôtre, d'avoir autour de la table du conseil des administrateurs forts, autonomes et vraiment préoccupés par la primauté de la dignité humaine et par les différents volets de Notre Projet. De plus, au plan purement économique, cela nous force à nous renouveler et à ne jamais penser que nous avons le monopole de la sagesse. Et c'est l'une des principales raisons pourquoi, soixante-quinze années plus tard, Notre Projet continue à être vécu de mieux en mieux, et nos entreprises sont financièrement et compétitivement fort solides... »

Le père du doute et du mensonge

Dans tout le processus d'expérimentation des outils de management humain de Notre Projet, J.-Robert Ouimet a eu à maintes reprises l'occasion de s'affronter aux ruses de l'ennemi, sournoises, récurrentes...

« En ce qui concerne les moments de silence et de prière au début et à la fin des réunion du conseil d'administration et du comité de gestion, alors que j'étais le seul à faire la méditation et que personne ne voulait prendre le relais, je me suis souvent demandé si je n'étais pas fou, si je n'essayais pas d'imposer cette pratique, si cette insistance de ma part n'était pas de l'orgueil subtilement dissimulé, si je ne ferais pas mieux de cesser cette pratique, ou d'en ralentir le rythme. J'avais vraiment l'impression d'une suggestion raisonnable, de sagesse : "Retarde donc, attends. Fais-le une réunion sur deux, pour leur laisser le temps..." À la réflexion, je suis certain que cette suggestion venait de l'ennemi, de l'écœurant. Parce que j'ai aujourd'hui la certitude que si j'avais ralenti le pas, j'aurais finalement tout abandonné. De même pour la devise de l'entreprise qui vient de Mère Teresa, "Prier pour gérer en Dieu". Elle figure sur toutes les entêtes des lettres de nos compagnies. Au début, c'était écrit en latin : "*Orare Ad Gerendum In Deo*". L'avantage c'est que personne ne comprenait ! Mais quelques années plus tard, je l'ai fait mettre en français et en anglais et alors nous avons été plus que jamais publiquement classés ; il n'y avait plus moyen de se camoufler ! Et j'ai dû affronter les réactions : "Tu vas trop loin. On en parle trop. On devrait aller plus lentement..." Moi j'attribue cela au démon et je suis sûr de ne pas me tromper. Si nous avions ralenti, nous aurions abandonné. Et c'est ce qu'il voulait. Pour la salle de prière, c'est l'inverse. Là, je suis probablement allé trop vite. Comme Mère Teresa m'avait dit de le faire, deux semaines après mon retour de Calcutta, elle était installée ! À la mauvaise place, sans aucune consultation ni concertation, de manière impulsive et imposée. Et là il n'est pas impossible que je me sois fait piéger et que ce soit le démon qui m'ait poussé à cette imprudente précipitation. Nous avons bien rattrapé cette maladresse par la suite, mais cela a demandé sept à dix ans et suscité une foule de fausses interprétations que je décris en détail dans ma thèse de doctorat. Cela montre que le démon est très brillant et fort intelligent. Avec nos seules forces humaines nous ne sommes pas de taille à nous mesurer avec lui. Ce dont je suis certain, c'est qu'il a tout fait pour que Notre Projet échoue. Mais à ce jour il n'y est pas parvenu ! »

Le seul moyen de vaincre l'« écœurant »

La seule solution pour lui résister se trouve dans une vie spirituelle croissante et de plus en plus intense, éclairée par l'accompagnement constant de guides spirituels, nourrie quotidiennement de l'eucharistie, purifiée régulièrement par le sacrement de réconciliation.

« Je sais très bien que si je priais moins, je deviendrais progressivement de plus en plus écœurant ! Je serais de plus en plus égoïste et manipulateur. Plus on est intelligent et plus on peut manipuler avec élégance et de manière imperceptible. La réponse est donc dans la Clé de voûte ! La réponse réside dans l'avertissement que Mère Teresa m'a donné à Calcutta en 1983 : "N'essayez pas de gérer à la manière de Dieu sans prier beaucoup ; vous n'en serez pas capable !" »

Avec le recul, quand il considère rétrospectivement toutes ces années de luttes et de combats, il a la conviction de plus en plus constante d'être habité par une force qui n'est pas la sienne et qui lui a permis – souvent malgré lui et ses erreurs – de déjouer les pièges de l'ennemi et de lui opposer une résistance intrépide.

« La seule chose dans ma vie qui m'a permis de résister au démon et de discerner ses ruses, c'est la conjugaison de la pratique régulière du sacrement de la réconciliation et de la réception quotidienne de l'eucharistie. C'est le seul moyen de lui "casser la gueule" à cet ignoble écœurant ! L'eucharistie est entretenue par l'humilité du sacrement de réconciliation. Car l'humilité, l'opposé de Dieu n'y comprend rien. Lui, il est tout du côté de l'orgueil ! Si l'ignoble écœurant n'a pas pris possession de ma vie, s'il n'a pas réussi à briser le projet de l'entreprise, c'est uniquement à cause du travail en équipe de la réconciliation et de l'eucharistie. Moi, j'ai juste été un instrument libre à l'intérieur de ces deux sacrements extraordinaires. »

9

L'eucharistie et la réconciliation

J.-Robert Ouimet n'hésite pas à s'afficher comme chrétien et à en témoigner, jusqu'au risque de déplaire. Mais être chrétien pour lui, ce n'est pas d'abord adhérer à des vérités de foi et les défendre. Certes, ces vérités de foi, celles que proclame l'Église, il les a toujours fait siennes, toujours promues et défendues, à temps et même à contretemps s'il le fallait. Certes, il prend en compte les valeurs éthiques qui découlent de cette foi dont il n'a jamais douté, notamment toutes les valeurs qui sous-tendent la doctrine sociale de l'Église et dont Notre Projet se veut une concrétisation opérationnelle. Mais être chrétien pour lui, c'est bien davantage et en même temps beaucoup plus simple : c'est adhérer à une personne, celle de Jésus-Christ, ce Jésus-Christ qui a toujours été la passion de sa vie, ce Jésus-Christ dont il poursuit passionnément la trace au cours de ses nombreux voyage en Terre sainte en cherchant à mettre ses pas dans les siens, au bord du lac de Tibériade, au mont des Béatitudes, à Jérusalem, du jardin des Oliviers au chemin du calvaire et de la résurrection…

« J'ai toujours eu ce besoin de Le connaître, de me rapprocher de Lui, de trouver les moyens de mieux comprendre sa vie ! Qu'est-ce qu'Il veut dire par sa vie ? Qu'est-ce qu'Il veut dire par ses discours ? Par ses béatitudes ? Comment a-t-il vécu sa vie ? Je trouve extraordinaire la façon dont il a vécu ses trois années de vie publique. Pour nous autres les leaders, et moi en particulier, c'est un exemple d'humilité d'un bout à l'autre ! Ce besoin viscéral de mieux Le connaître, je l'ai toujours ressenti et je n'y suis pour rien. C'est sans mérite de ma part, c'est une grâce que j'ai reçue depuis mon baptême. Et aujourd'hui encore, j'ai le goût de Le connaître mieux, de lui ouvrir encore plus mon pauvre cœur pour qu'il y entre encore davantage, pour qu'Il devienne chaque jour un peu plus "mon meilleur ami" et goûter dans mon cœur cette joie et cette paix profonde qu'ont dû connaître les disciples d'Emmaüs. C'est un don fabuleux que je n'ai pas la moindre chance de pouvoir jamais lui rembourser ! »

Mais ce Jésus-Christ, il a également soif de le recevoir chaque jour au cours de ce qu'il aime à appeler à la suite de Mère Teresa le « Repas avec Lui ». Et il s'applique à vivre chacune de ces rencontres dans l'esprit de cette invitation que les prêtres qui viennent célébrer la messe trouvent affichée dans chacune des sacristies des couvents des Missionnaires de la Charité de par le monde : « Célébrez chaque eucharistie comme si c'était la première fois… comme si c'était la derrière… comme si c'était la seule fois… » Et c'est avec Lui qu'il cherche à renouer inlassablement l'amitié blessée dans le sacrement de la réconciliation. Accompagnement systématique par un guide spirituel, eucharistie quotidienne, réconciliation fréquente et régulière, sont les trois axes autour desquels tourne toute sa vie de foi, une foi qui est de plus en plus intimité constante avec les Trois de la Trinité divine, une foi qui est avant tout amour et en laquelle il puise toute son énergie et sa force.

Une longue histoire d'amour

L'amour de l'eucharistie remonte loin dans la vie de J.-Robert Ouimet. Depuis sa première communion à l'âge de sept ans préparée par les sœurs de Jésus-Marie qui lui ont expliqué ce qu'était la grâce sanctifiante et comment recevoir convenablement Jésus-Hostie, cela a toujours été une simple évidence de sa foi qu'il n'a jamais cherché à raisonner. La réalité de la présence du Christ dans l'eucharistie ne lui a jamais posé de problème rationnel. Exemple de sa mère chez qui la communion fréquente rythmait sa vie quotidienne, exemple du frère Dieumegarde dont la dévotion eucharistique l'avait frappé, exemple de son premier père spirituel, Dom Vidal, et des moines de l'abbaye de Saint-Benoît-du-Lac pour qui la messe était l'événement quotidien autour duquel s'organisait chacune de leurs journées et qui en entouraient la célébration d'un soin tout particulier… Cette importance accordée par les moines à la célébration de la messe le marquera d'ailleurs pour toujours. Tout cela fait en sorte que J.-Robert Ouimet peut affirmer sereinement qu'il n'a manqué tout au plus que deux ou trois fois la messe du dimanche dans toute sa vie. Pour lui, cela n'a jamais été une obligation, mais toujours le désir d'une rencontre intime, privilégiée, avec son Dieu fait chair. Lors de ses études à l'université de Fribourg, puis à l'université de Columbia, le rythme de sa participation à l'eucharistie s'est intensifié : deux fois, trois fois par semaine. Plus il recevait le corps du Christ, plus il ressentait le besoin de le recevoir souvent.

« Il est très rare que je sois allé à l'eucharistie le dimanche par obligation. Je crois que je pourrais compter sur les doigts d'une main les fois où j'y suis allé parce que l'Église nous en fait l'obligation et que se soustraire à cette obligation constitue un manquement grave. Au contraire j'ai toujours eu le goût d'y aller, parce que cela vaut la peine, parce que c'est une rencontre importante avec le Seigneur, parce qu'on y entend sa parole. Cette parole, elle est plus ou moins bien commentée, mais peu importe, on l'entend et à force de l'entendre, elle nous pénètre. C'est l'expérience que j'ai faite : la parole de Dieu me pénétrait peu à peu, tranquillement à travers l'exercice de ma liberté, précisément parce que je n'allais pas à la messe par devoir. »

Du Cénacle à Calcutta

Deux événements marqueront durablement et orienteront en profondeur son vécu de l'eucharistie.

« La première étape qui a déclenché ce que j'appellerais un processus d'intimité, lentement croissant, cela a été le premier voyage en Terre sainte et la première visite au Cénacle à Jérusalem. Quand j'ai vu cette salle où Jésus a institué le sacrement de l'eucharistie et que j'y ai lu les textes du jeudi saint, je crois que je me suis vraiment rapproché de la réalité de l'eucharistie : une rencontre personnelle, concrète, intime avec Jésus, mon meilleur ami. »

Cette croissance dans l'approfondissement du mystère d'amour qui se révèle dans l'eucharistie a été comme la longue préparation à ce moment de grâce exceptionnel, sorte d'électrochoc spirituel, qu'a été pour lui le fait de voir de ses yeux Mère Teresa communier au corps du Christ au milieu de ses sœurs. C'était à Calcutta, en 1983, lors de leur première rencontre.

« Le grand déclencheur, ce qui a définitivement accru ma perception de l'eucharistie et qui m'a fait percevoir l'immensité sacrée de ce qui s'y passe, c'est vraiment quand j'ai vu Mère Teresa prier à l'eucharistie. Ah là, c'était *serious business* ! Quand je l'ai vue la première fois prier, aller communier, puis revenir, complètement courbée, pliée en deux, la tête en point d'interrogation... elle était visiblement dans une concentration totale avec lui ! Et les quelque deux cents religieuses de 25-30 ans et parfois moins, autour d'elle, qui faisaient la même chose, avec ce même respect phénoménal, dans une totale simplicité, sans grands gestes ni affaires compliquées, mais seulement là, assises par terre, nus pieds... C'était très intense. Pour chacune, il était évident que c'était le grand moment de la journée, celui de l'intimité totale avec le Christ. »

Un acte de foi fondateur

La force de l'eucharistie, J.-Robert Ouimet en fait l'expérience concrète au cours de la présidence qu'il a exercée à Montréal des Déjeuners de la prière, qui deviendront sous son impulsion les Rencontres de silence intérieur et de prière.

Les Déjeuners de la prière ont débuté au début des années 1950 au cours de la guerre de Corée avec le général Eisenhower, alors président des États-Unis. À l'origine, ils réunissaient une fois par année à l'hôtel Hilton de Washington les membres du Sénat, de la Chambre des représentants, du corps diplomatique et de nombreuses personnalités des milieux politiques et économiques américains autour d'un invité d'honneur qui donnait son témoignage. Depuis cette initiative a été imitée et s'est répandue dans le monde. Les Déjeuners de la prière ont lieu aujourd'hui dans plus d'une centaine de grandes villes sur tous les continents. Ces rencontres sont généralement entourées d'un grand faste : lieux de prestige, table d'honneur, présentation élogieuse du témoin, mise en scène soignée, musique, applaudissements… Quelques années après sa prise de responsabilité des Déjeuners de la prière à Montréal, J.-Robert Ouimet fait cette proposition à ceux qui en étaient responsables avec lui, Jacques Dupuis, un ancien collaborateur de son père, et Jean Drapeau, le maire de Montréal :

> « Je leur ai posé la question suivante : "Sans juger le passé ni ce qui se fait de beau et de bon ailleurs dans toutes les villes où ont lieu les Déjeuners de la prière, ne pensez-vous pas qu'ici, à Montréal, il n'y a pas assez d'humilité dans tout cet événement ?" Ils m'ont dit oui. Alors nous avons décidé d'enlever la table d'honneur et de supprimer la présentation des témoins, les applaudissements et de tamiser les lumières pendant l'événement afin de favoriser le calme et la détente dans le cœur des participants. Et puis je sentais que même s'il y avait une prière au début et à la fin des rencontres, il manquait quelque chose d'essentiel. Alors je leur ai demandé ce qu'ils penseraient d'avoir l'eucharistie au début des rencontres. Ils m'ont répondu que certaines personnes risquaient de ne plus venir. Ils avaient raison, mais après avoir prié ensemble, nous avons décidé qu'il y aurait quand même l'eucharistie. Car l'eucharistie, c'est vraiment le sommet de la prière de l'Église. Alors si ces rencontres voulaient être des rencontres de prière, il y fallait l'eucharistie ! Nous avons donc introduit l'eucharistie dans le programme au début des rencontres, à 6 h 30 le matin… On a perdu quelques personnes à qui cela faisait un peu peur, ce qui peut se comprendre. D'autres se sont contentés de venir à 7 h 30, après l'eucharistie. Elles étaient libres de le faire. Et puis d'autres sont venus, qui ne venaient pas auparavant. »

Durant les trente années pendant lesquelles J.-Robert Ouimet a exercé la présidence des Rencontres de silence intérieur et de prière à Montréal, ce n'est pas moins de 22 000 personnes qui ont participé à ces rencontres à l'hôtel Reine-Elizabeth pour prier et entendre de nombreux témoins authentiques de la foi parmi lesquels Jean Vanier, le fondateur des communautés de l'Arche, Jeanne Sauvé, la gouverneure générale du Canada, l'Abbé Pierre, le fondateur des communautés Emmaüs, mais aussi Martin Gray, André Frossard, Jacques le Breton, plusieurs grands chefs d'entreprise, dirigeants politiques, recteurs d'uni-versités et doyens de facultés, et bien entendu... Mère Teresa de Calcutta que plus de 2 200 personnes sont venues écouter donner son témoignage.

« Quand Mère Teresa est venue, cela a été phénoménal ! Je m'en souviens comme si c'était ce matin. Il y avait probablement vingt-cinq journalistes, de la TV, de la radio, des différents journaux... Ils n'avaient pas été invités mais évidemment ils avaient entendu parler de la venue de Mother, alors ils sont venus quand même. Là je ne savais pas vraiment quoi faire parce que normalement dans les Déjeuners de la prière, où que ce soit dans le monde, on n'invite jamais de journalistes. Alors je leur ai dit ceci : "Je m'adresse particulièrement aux journalistes qui sont ici et qui sont nos grands amis... Bien sûr, vous avez la liberté de faire ce que vous voulez. Nous vous encourageons à rester, si vous le voulez, pendant toute la rencontre. Mais nous vous demandons – et même nous vous supplions – de ne rien publier de tout cela. Gardez-le dans votre cœur et faites-en ce que vous voulez. Vous avez donc le choix. Soit de rester et de publier ; on ne vous en empêchera pas. Soit de rester et de ne pas publier ; nous vous en serons reconnaissants. Soit de quitter la salle avant qu'on commence... Nous vous remercions beaucoup de votre compréhension." Aucun n'a publié ! Et, à ce que je sache, aucun n'est parti... »

J.-Robert Ouimet est convaincu que le succès et surtout la fécondité des Rencontres de silence intérieur et de prière à Montréal est dû à l'introduction de l'eucharistie. C'est d'ailleurs ce qu'il n'avait de cesse de dire et répéter aux membres du conseil d'administration des Rencontres de prière.

« Je leur ai dit au moins vingt fois : "Vous savez, – et j'ai le droit de vous dire ça, comme fondateur des Rencontres de prière –, si ça dure encore aujourd'hui, je veux que vous sachiez que ça n'a rien à voir avec moi, même si j'y ai consacré beaucoup de temps, d'efforts et de ressources. Et puis je veux vous annoncer que ça n'a rien à voir avec vous autres, même si, vous aussi, vous faites de beaux efforts. Ça n'a à voir qu'avec l'eucharistie que chacun de nous avons voulu mettre au début de chacune des Rencontres." Les Rencontres silence intérieur et prière ont puisé leur force exclusivement là. Nous nous en sommes occupés de tout notre cœur, mais c'est l'eucharistie qui a été vraiment le moteur, le soutien constant, avec la Trinité dans l'eucharistie. Et cela a été la même chose pour le projet d'entreprise. L'eucharistie a été, depuis le début de ce projet d'entreprise, le cœur, la fondation seule, unique. Cela ne reposait certainement ni sur mon père, le fondateur, ni sur moi-même, ni sur nos équipes de gestionnaires. Cela reposait uniquement sur l'eucharistie. Et les Trois, à ce moment-là, n'avaient pas de choix autre que de se bouger et d'indiquer si ce projet faisait leur affaire. Et si ça ne faisait pas leur affaire, ils avaient tous les moyens nécessaires pour le faire mourir, ce qui pourrait arriver n'importe quand, mais qui n'est pas arrivé jusqu'à maintenant, au contraire... »

« J'en ai viscéralement besoin ! »

Ce qui frappe chez J.-Robert Ouimet, c'est cet amour très incarné de l'eucharistie dont il témoigne, un amour que l'on pourrait qualifier de charnel, une sorte de besoin vital :

« Les gens me disent parfois : "C'est beau d'aller à l'eucharistie tous les jours." Je leur réponds : "Ne me dites pas ça ! Ce n'est pas beau. J'en ai simplement besoin, viscéralement besoin !" Je ne peux pas dire plus, ni mieux. C'est un appel. Je sens qu'il m'attend tout le temps. Je le sens et je n'y suis pour rien. Et si je réponds à son appel, je n'y suis pour rien. Parce que j'en ai besoin ! J'ai besoin de lui, besoin de Le recevoir dans mon pauvre cœur ! Alors, pour moi ce n'est pas un effort d'aller à l'eucharistie tous les jours. C'est ne pas y aller qui est un effort ! »

Depuis la décision de venir recevoir Jésus dans l'eucharistie chaque jour à la suite de sa première rencontre avec Mère Teresa, c'est d'une intimité avec Lui chaque jour plus vraie et intense dont témoigne J.-Robert Ouimet.

« Depuis maintenant vingt-cinq ans, je n'ai jamais manqué l'eucharistie quotidienne à moins qu'il ne m'ait été impossible d'y participer. Même si j'étais fatigué, épuisé, distrait, accaparé par les soucis professionnels, beau temps, mauvais temps... Peu importe, j'y allais pareil ! Quand j'ai manqué, c'était ou bien absolument impossible, ou bien c'est qu'il y avait un geste de charité, en particulier avec des proches, que je sentais devoir poser. Et là je me conforme au conseil que m'avait donné le père Marc Roy lorsqu'il était mon père spirituel. Il m'avait dit : "À ces moments-là, n'hésitez jamais. Vous allez voir la personne qui a besoin de vous, et c'est votre eucharistie du jour." Alors aujourd'hui, je témoigne que, presque malgré moi, mais avec ma coopération, mon intimité avec le Seigneur s'est considérablement accrue. Et maintenant elle est constante. Je fais tout avec les Trois. C'est tout simplement merveilleux. Mais je vérifie régulièrement avec mon père spirituel l'authenticité de cette intimité constante afin d'éviter les pièges de l'orgueil ou de l'illusion. »

Intimité avec « Les Trois »

Cette intimité avec la Trinité divine – Père, Fils, Esprit saint – J.-Robert Ouimet n'hésite pas à l'exprimer dans une prière qu'il fait – plutôt qu'il ne la récite – chaque jour, une prière de disponibilité totale, de confiance absolue :

« Merci Seigneur Père. Merci Abba ! Merci Papa ! – Quel privilège ! Merci, Seigneur Jésus. Merci, Seigneur notre Frère ! Merci, Seigneur mon Frère ! – Quel privilège ! Merci, Esprit d'Amour ! Merci, Esprit saint ! Merci, Esprit du Père et du Fils ! Merci de bien vouloir tous les Trois, entre l'instant présent et l'éternité, de bien vouloir accepter que tout ce que je vais regarder, je le regarde avec vous Trois, à quatre. Tout ce que je vais écouter, que je l'écoute avec vous Trois, à quatre. Tout ce que je vais sentir, que je le sente avec vous Trois. Tout ce que je vais toucher, que je le touche avec vous Trois. Tout ce que je vais dire ou taire, que le dise ou le taise avec vous Trois. Tout ce que je vais penser et écrire, avec vous Trois ! Tout ce que je vais vivre, avec vous Trois ! Oui, avec vous Trois ! C'est tout ce que je veux. Je veux continuer à faire de mon mieux pour faire fructifier les dons inimaginables que vous avez voulu me prêter. Mais avec vous Trois, à quatre ! Et sachez tous les Trois que je ne vous demande rien ! D'abord, parce que je trouve que Vous m'en avez prêté beaucoup trop. Mais aussi, je ne vous demande rien parce que j'ai une totale confiance en Vous Trois. Alors, pourquoi vous demanderais-je quoi que ce soit ? Je veux seulement vous dire merci d'accepter de me permettre de tout vivre avec Vous Trois. Je vais faire de mon mieux avec Vous Trois. Je vais quasiment tomber avec Vous Trois, mais je me relèverai avec Vous Trois. Puis vous ajouterez tout ce que vous voudrez. Puis vous pouvez reprendre tout ce que vous voulez, sans aucune restriction : la vie, la santé, l'intelligence, Myriam, les quatre enfants, la richesse matérielle, intellectuelle, morale, spirituelle. Je ne vous mets aucune limite parce que j'ai confiance en Vous Trois. S'il y a quelqu'un dans la création qui ne veut que mon bien, c'est bien Vous Trois. Alors, après que vous aurez ajouté ceci, enlevé cela, je sais que j'apprendrai de Vous Trois comment vivre les nouvelles situations inconnues et imprévisibles. Oui, j'ai une confiance absolue en Vous Trois. Merci, et merci et merci encore de cette confiance totale en Vous Trois qui ne peut être qu'une grâce exceptionnelle. »

Pour J.-Robert Ouimet, c'est à cette intimité avec la Trinité qu'achemine l'eucharistie : comme les trois personnes de la Trinité sont indissolublement liées dans une totale communion d'amour et forment un seul Dieu, recevoir le Christ dans l'eucharistie c'est être absorbé dans l'intimité même de la Trinité divine. Et peu à peu, ce n'est plus nous qui agissons, mais Dieu en nous, selon le beau mot de Saint Paul : « *Vivo, non ego, Christus* – Je vis, mais ce n'est plus moi qui vis ; c'est le Christ qui vit en moi. »

« Cela fonctionne et c'est fantastique ! En bon manager je peux dire pourquoi. Manager, cela consiste à déléguer à une personne ou à un groupe de personnes des choses à faire, soit que l'on n'a pas le temps de les faire soi-même, soit que cette ou ces personnes sont plus compétentes que soi-même pour les faire. Alors, en bon manager, c'est ce que je fais avec les Trois : comme Ils sont plus compétents que moi, je n'ai pas besoin de leur demander quoi que ce soit, Ils vont choisir mieux que moi ! Aujourd'hui, je ne leur demande plus rien. Je me contente de les remercier pour tout, même pour les souffrances. Et de plus en plus, je m'aperçois que c'est vraiment cela l'eucharistie : c'est tout vivre avec Eux, ensemble, à quatre. De plus en plus fréquemment, je m'aperçois que je viens de dire ou de faire quelque chose et je sais très bien que cela ne vient pas de moi parce que cela ne me ressemble pas, la plupart du temps parce que c'est trop beau… C'est moi, mais ce n'est pas moi. C'est moi, mais avec «les Trois». De toutes façons, je ne veux plus rien faire sans les Trois. Même mes péchés, je veux les faire avec les Trois ! Je ne veux pas les associer à mes péchés, bien sûr. Mais comme je veux tout vivre avec eux Trois, absolument tout, eh bien, ma foi, des péchés j'en fais moins qu'avant ! »

Du pardon reçu au pardon demandé

De même qu'il a toujours été attaché à l'eucharistie, J.-Robert Ouimet a toujours été un fidèle du sacrement de la réconciliation. Et même si cela va au rebours de l'esprit ambiant et des pratiques courantes, il n'hésite pas à professer le lien très profond entre la réconciliation et l'eucharistie.

« J'ai toujours été convaincu que dans le sacrement de la réconciliation, je rencontrais personnellement le Christ. C'est Lui que je vais rencontrer quand je me confesse, c'est à Lui que je parle ! Même si je parle au prêtre, c'est au Christ, à travers le prêtre, que je parle. Et j'ai toujours été habité par cette confiance inconditionnelle que si je le rencontre, il va me pardonner. Je n'ai jamais eu aucun doute là-dessus, même si parfois, je n'avais pas le goût d'y aller. Même pendant les années les plus noires de ma vie, où il m'arrivait de faire des manques d'amour importants à répétition, j'étais sûr qu'Il me pardonnerait à condition que je fasse un nouvel effort pour "m'en sortir". Et je n'ai jamais attendu, après un grave manque d'amour, pour aller à la réconciliation. Depuis la première fois où j'ai reçu ce sacrement au mont Jésus-Marie avant ma première communion, cela fait plus d'un millier de fois que je l'ai reçu ! Et le Christ ne s'est jamais découragé de m'accorder son pardon. Dans mon cœur, je lui dit : "Seigneur Jésus, tu sais ce que j'ai fait. Je te l'offre, je te le donne. Est-ce que tu pardonnes encore, même si cela fait deux semaines que je t'ai dit la même chose ? Même si cela fait cinq jours ? Est-ce que je peux encore me reprendre avec toi ?" Alors il voit le pauvre humain que je suis, qui plie l'échine, qui se reconnaît fragile, et je sais que sa réponse est inconditionnellement "oui". Un peu comme Pierre qui a pleuré et pleuré et pleuré après ses trois reniements. Non seulement le Christ lui a pardonné, mais cinq semaines plus tard, après sa résurrection, Il l'a confirmé comme chef de son Église. Je trouve cette décision du Christ tellement encourageante ! Le Seigneur, il n'y pas moyen de le décourager. Il nous pardonne tout et sans cesse, à la seule condition de pleurer sur nos péchés et nos manques d'amour et de vouloir essayer encore d'aimer moins mal. Et le jumelage entre la réconciliation et l'eucharistie est pour moi évident. Je ne suis pas théologien et je ne comprends rien à la théologie. Mais je suis sûr que les deux vont ensemble : lui demander de m'accueillir dans son pardon et puis ensuite le recevoir. Et ce que j'en retire, c'est aujourd'hui une intimité constante avec Lui. Je n'y suis pour rien. Quel don ! Quel privilège extraordinaire ! Je me fiche de savoir pourquoi Il me l'a donné plus qu'à d'autres. C'est son problème, pas le mien ! Je m'en sens de plus en plus indigne, mais je l'accepte avec joie. D'ailleurs aujourd'hui, je sais que mes faiblesses sont ma force au sens où depuis ma naissance, seules mes faiblesses, mes manques d'amour, mes péchés ont été capables de systématiquement et régulièrement pulvériser mon orgueil, de me convaincre de plus en plus que je ne me sauverai pas "à la force de mes poignets". »

Du pardon reçu de Dieu au pardon accordé aux autres et au pardon demandé aux autres, il n'y a qu'un pas, ou plutôt, une profonde cohérence. C'est ce qui le conduit à poser à l'égard de ses collaborateurs de l'entreprise un acte que d'aucuns jugeraient d'une audace ou d'une imprudence folle, mais qui exprime bien le tempérament absolu, sans demi-mesure, qu'est celui de J.-Robert Ouimet.

« Laver les pieds, pour moi, cela veut dire pardonner, aimer inconditionnellement, à l'image du Christ avec ses disciples au soir du jeudi saint, alors qu'Il savait que l'un d'eux le trahirait et que les autres ficheraient le camp. En 2003, je devais annoncer au personnel de nos entreprises une nouvelle très importante. À cette occasion, je voulais laver les pieds des trois plus anciens de l'entreprise. J'ai demandé conseil et on m'a dit : "Ça va leur faire peur, c'est trop fort." Pourtant, moi je suis plutôt porté à aimer les choses fortes ! Mais j'ai prié et j'ai eu une inspiration. J'ai demandé aux trois personnes qui avaient le plus d'années de service, de venir en avant de la salle avec moi et je leur ai dit : "Je suis avec vous autres depuis le mois de janvier 1961. Vous m'avez enduré. J'ai fait de mon mieux mais j'ai fait un tas d'erreurs. J'ai blessé beaucoup de personnes, souvent sans le faire exprès, mais je les ai tout de même blessées. Alors, je vais demander pardon aux trois plus anciens d'entre vous, et à travers eux je demanderai pardon à chacun et chacune de vous pour chaque geste qui vous a fait de la peine." J'ai pris chaque ancien un par un. Pas collectivement – cela aurait été trop facile ! – mais un par un. Je les ai regardés dans les yeux, je ne les ai pas tutoyés et je leur ai dit : "Je vous demande pardon, à vous personnellement et à travers vous à tous ceux et celles qui sont ici ou qui nous ont quittés, pour les nombreuses fois depuis le mois de janvier 1961 où je vous ai fait de la peine. Je voudrais essayer de me reprendre et j'ai besoin de votre pardon. Est-ce que vous me pardonnez ?" Là, quand ils m'ont répondu "oui", c'était sérieux. C'était vraiment la réconciliation totale, comme le jeudi saint ! Voilà un fruit du travail avec les Trois. Est-ce que cela a été dur ? En vérité, non, pas du tout. J'ai vécu cela avec les Trois. J'aimais tellement chacune de ces personnes, même si mon amour pour elles avait été imparfait. Et j'avais besoin de leur pardon car le Seigneur me pardonne toujours. »

Mais c'est finalement auprès des plus proches que cette démarche de demande de pardon est la plus exigeante parce que la plus humiliante. De même qu'il est souvent plus facile d'aimer nos frères humains lointains que notre prochain le plus proche, il est plus facile de demander pardon à ceux qui nous sont moins intimes qu'à ceux qui connaissent tout de nous... Et pourtant, précisément parce que ce sont nos plus proches, les blessures que nous leur infligeons sont les plus profondes et c'est pourquoi leur pardon est le plus nécessaire.

« En une douzaine d'occasions au cours des dix dernières années, j'ai demandé à Myriam pardon pour telle ou telle chose que j'avais faite. J'ai aussi demandé pardon à chacun de mes quatre enfants, séparément les uns des autres, pour de grandes peines que je leur avais causées. Et à chaque fois, j'ai eu la joie immense de recevoir le pardon et de Myriam et de chacun des quatre enfants. Il s'agissait de dire : "Il y a environ tant de semaines ou tant de mois, je sais qu'en telle ou telle occasion, je t'ai fais beaucoup de peine. Je voudrais te demander pardon. J'ai besoin que tu me pardonnes. Je vais essayer de me reprendre, de ne plus faire les mêmes erreurs et de ne plus te causer les mêmes peines et les mêmes blessures." Expérience absolument extraordinaire mais très difficile à vivre. Pour ma part, seul le Christ pouvait m'accompagner dans ce vécu du pardon à mes plus proches car c'est à eux qu'il m'était le plus difficile de demander pardon. Ils me connaissent trop... Mais c'est une expérience merveilleuse qui ressemble beaucoup au pardon reçu du Christ dans la réconciliation. C'est aussi une expérience qui nous conforme un peu à l'humilité et à l'amour inconditionnel du Christ qui, dans l'eucharistie, décide d'être "assez fou" pour accepter de se faire nourriture et de venir dans notre cœur et notre corps. Je suis fou de joie que le Christ ait décidé cela, avec son Père et leur Esprit ! »

À l'école de la petite Thérèse

Les fruits de cette intimité de plus en plus profonde et constante avec la Trinité divine sont la paix et la

confiance en Eux. Une paix qui contraste singulièrement avec le caractère bouillant et fougueux qui est le
sien !

« J'éprouve de plus en plus une paix intérieure constante. Et cela ne vient pas de moi parce que je ne suis pas
un esprit de paix. Par tempérament, je trouve que cela ne
bouge jamais assez, qu'il faut toujours avancer, changer
les choses. Alors cette paix que j'éprouve, ce ne peut être
que la sienne : "Je te laisse ma paix, je te donne ma
paix." En quoi consiste cette paix ? À être dans un état
intérieur de calme sous un volcan ! Parce que je suis un
volcan et je crois que je le resterai jusqu'à ce qu'Il me
rappelle à lui. C'est dans ma nature. Et malgré ce fichu
caractère que j'ai, je suis dans une paix, une confiance et
un calme intérieur qui est aujourd'hui constant, sauf en
de très rares exceptions. À ce sujet j'ai toujours pris soin
de vérifier régulièrement avec mon père spirituel –
pendant quinze ans avec le père Jacques Leclerc, un saint
prêtre que le Seigneur est venu chercher récemment,
puis maintenant avec Mgr Gazaille – que je ne suis pas
"tombé sur la tête" ou si ce ne serait pas de l'orgueil
brillamment dissimulé. »

Et aussi une confiance à l'image de celle à laquelle
invite Thérèse de l'Enfant-Jésus, sa grande maîtresse
de spiritualité, une confiance absolue qui est la clef de
la « petite voie » de la sainteté que dévoile la sainte de
Lisieux, chez qui il puise inlassablement l'essentiel de
sa méditation spirituelle à l'aide du petit ouvrage du
père Jean Lafrance, *Ma vocation, c'est l'amour*, un jour
conseillé par le père Marc Roy et qui l'accompagne
partout dans ses bagages.

« Je dis que la meilleure façon de gérer ma vie, c'est de
leur déléguer tout, en faisant de mon mieux, mais avec
Eux autres. Et comme je sais qu'Ils sont mieux équipés
que moi, je leur dis : "Ajoutez ce que vous voulez ; enle-
vez ce que vous voulez ! J'ai confiance ! Mais je veux

faire de mon mieux avec Vous Trois ! Et même mes erreurs, je veux les faire avec Vous Trois ! Et ces erreurs, vous les transformerez. Je veux tout vivre avec Vous Trois. Tout, tout, tout... et pour l'éternité. Si vous le voulez bien !" Je ne peux pas dire comme Thérèse : "Je veux passer mon Ciel à faire du bien sur la terre." Je ne suis pas assez bon pour ça. Moi, je peux juste dire : "Je veux vivre tous les instants jusqu'à l'éternité des millénaires, avec Vous Trois. Puis je ferai bien ce que vous voudrez, avec Vous Trois. N'importe quoi ! "Et Ils choisissent tellement bien, même les souffrances !"

Quelqu'un m'a demandé un jour : "Quand tu dis tout être disposé à tout accepter de la volonté de Dieu, si tu perdais vraiment tout au plan matériel, tu l'accepterais ?" Ce dont je suis certain, c'est que les Trois ne me tromperont jamais. Et s'Ils me retirent tout ce que j'ai, c'est qu'Ils ont "une idée en tête". Alors, je vivrai cette souffrance avec Eux. Bien sûr, je ne sais pas ce que c'est que d'avoir rien ! Mais avec Eux, je vais l'apprendre. Est-ce que j'ai peur ? Non je n'ai pas peur. Je ne peux pas avoir peur quand je sais qu'Ils sont prêts à faire tout, à tout vivre avec moi. Je suis probablement fou, mais j'ai toujours confiance en Eux, une confiance totale, inconditionnelle. Et cela fonctionne très bien ! Et les fruits de cette confiance, ce sont la paix, le calme intérieur et la joie. »

10

L'espérance

Aujourd'hui, quelle est l'espérance de J.-Robert Ouimet ? Ce n'est plus l'heure pour lui de bâtir, mais celle de transmettre et celle de pourvoir au rayonnement des fruits de tant d'années d'effort souvent vécues dans la solitude et l'incompréhension, mais marquées aussi par de grandes joies humaines et spirituelles. C'est ce à quoi J.-Robert Ouimet se consacre avec la dernière énergie.

La troisième génération

En Amérique du Nord, moins de 4 % des entreprises familiales sont transmises avec succès à la troisième génération. C'est dire assez la difficulté de la réussite d'un tel passage de témoin. Le fondateur des entreprises Ouimet, J.-René, a réussi la première transmission à son fils J.-Robert en 1965. Aujourd'hui, c'est J.-Robert avec son épouse Myriam qui réussissent à transmettre le patrimoine des entreprises alimentaires à leur fils aîné, J.-René junior.

« Chez nous, cette transmission vient de s'effectuer, non seulement avec succès au plan économique, mais avec succès également aux plans moral, spirituel et religieux. Et pourtant, durant toute ma vie, je n'ai jamais prié une seule fois le Seigneur de rendre possible que la troisième génération soit en mesure, non seulement de prendre en mains la gestion de nos organisations au plan économique, mais qu'en plus elle soit intéressée à prendre en mains le développement spirituel et religieux dans le cadre de Notre Projet et qu'elle en ait la compétence. Et la transmission a eu lieu. Et le Seigneur a bien voulu réaliser aujourd'hui ce que je n'ai jamais osé lui demander ! Quelle délicatesse de sa part ! »

Un étrange organigramme

Non seulement l'étape délicate de cette transmission à la troisième génération de Ouimet a été réussie, mais elle se fait avec une recomposition complète de l'organigramme de façon à intégrer Notre Projet dans les structures mêmes de l'entreprise. Le nouvel organigramme est ainsi complètement original, du jamais vu ! C'est en effet un prêtre, le père Jean-Yves Isabel, qui est officiellement investi de la responsabilité du vécu et de la promotion de Notre Projet en qualité de CSO (Chief Spiritual Officer – directeur spirituel en chef), une appellation inconnue dans les organigrammes d'entreprise ! Et surtout le directeur spirituel en chef dépend directement du CEO (Chief Executive Officer – directeur général en chef), J.-René Ouimet junior, au même titre que le COO (Chief Operating Officer – directeur des opérations en chef) et que le CFO (Chief Financial Officer – directeur financier en chef), soit au second degré de la hiérarchie. La volonté du nouveau patron des entreprises alimentaires Ouimet d'intégrer les activités du SIOM Humain comme des composantes normales et à part entière du fonctionnement de l'entreprise est ainsi clairement affichée.

> « Cette toute nouvelle définition de l'organigramme de l'entreprise a été voulue par notre conseil d'administration grâce à l'initiative de mon fils J.-René. Alors nous avons débuté la fusion administrative de nos entreprises alimentaires. Je n'en avais même pas rêvé du temps où je dirigeais moi-même le quotidien de l'entreprise ! De mon temps, le père Jean-Yves Isabel n'avait qu'une mission de présence dans l'entreprise et celle de parler avec les personnes intéressées à échanger avec lui à titre de témoin de la présence de Jésus-Christ dans le milieu de travail, mais pas vraiment de rôle opérationnel. Cette nouvelle organisation va certainement donner une nouvelle impulsion considérable au vécu de Notre Projet. Et pouvoir disposer d'un prêtre en pleine force de l'âge, à qui vient de se joindre récemment un second prêtre à temps partiel, pour exercer cette responsabilité de directeur spirituel en chef, alors que nous manquons de plus en plus de prêtres et que ceux que nous avons sont le plus souvent fatigués et âgés, c'est une grâce fabuleuse et un immense privilège ! »

Trois quarts de siècle

L'entreprise s'apprête ainsi à fêter, en 2008 et 2009, le soixante-quinzième anniversaire de sa fondation. Mais ce n'est pas seulement ni d'abord le succès économique qui sera célébré à cette occasion, mais surtout le succès de Notre Projet et la persévérance à le mettre en œuvre contre vents et marées. La célébration est prévue fastueuse, dans le plus grand hôtel de Montréal, avec une représentation des pouvoirs politiques au plus haut niveau, certains dirigeants des plus grandes entreprises du Canada et plus de cinq cents invités. Mais, contrastant volontairement avec le prestige de cet événement et contrairement aux habitudes convenues pour ce genre de manifestation, il n'est prévu aucune mise en valeur de l'œuvre accomplie par le fondateur, J.-René Ouimet, ni par J.-Robert Ouimet, le continuateur... mais une simple évocation musicale invitant au souvenir et à la méditation.

« En octobre 2008 aura lieu le gala Paix et Joie débutant les célébrations du soixante-quinzième anniversaire de notre fondation. Le programme de la soirée est fort inusité. Entre autres, après le repas, il n'y aura pas de vidéo sur mon père ou sur moi, mais un orchestre de quarante musiciens et de trente-cinq chanteurs, dont quatre chanteurs d'opéra réputés. Cet ensemble interprétera quatre pièces de musique classique : Mozart, Vivaldi, Haydn et Beethoven. Chacune de ces pièces sera dédiée à différentes personnes ou groupes de personnes qui ont joué un rôle fondamental dans la croissance soutenue depuis soixante-quinze années de l'efficacité du SIOM Humain et du SIOM Économique dans notre organisation grâce à la vigueur des valeurs humaines, morales, spirituelles et religieuses. Ces personnes sont, d'abord mes parents J.-René et son épouse Thérèse, puis mon épouse Myriam, puis chaque personne ayant œuvré dans l'entreprise depuis soixante-quinze ans en incluant les familles de ces collaborateurs et, enfin, Dieu Amour pour Le remercier d'avoir bien voulu nous accompagner durant ces années de sa sagesse, son courage, son amour, son pardon et pour l'inviter à nous accompagner, s'Il le veut bien, durant un autre trois quarts de siècle ! Le soir de ce gala, je soulignerai moi-même par une très brève intervention les trois valeurs fondamentales que ces quatre groupes de personnes ont apportées à notre entreprise depuis trois quarts de siècle. Ce sera une manière très belle de manifester et célébrer les valeurs fondatrices de notre entreprise. Et ce qu'il y a de fascinant c'est que ces valeurs sont également les valeurs vécues par nos ancêtres lorsqu'ils ont fondé le Québec et le Canada. »

Une célébration placée sous le signe de l'humilité, invitant à la méditation, à la réflexion et, pour ceux qui le souhaiteront, à la prière. Tout cela est bien dans la manière de J.-Robert Ouimet : l'accent mis sur le projet, sur l'œuvre commune édifiée peu à peu au long de ces soixante-quinze années par toutes les personnes qui y ont contribué à un titre ou à un autre, des plus en vues aux plus cachées, et qui ont permis que l'entreprise vive et se développe dans le souci du respect et de la promotion de la dignité de chaque personne humaine et celui de la rentabilité économique concurrentielle soutenue. Et pour finir, l'action de grâces rendue au Seigneur, sans la présence aimante de qui rien de ce qui a été fait et vécu n'aurait été possible.

Après moi ?

Malgré les vicissitudes que connaît inévitablement toute œuvre humaine, l'aventure économique et humaine des entreprises Ouimet apparaît clairement comme une belle et grande réussite. La transmission à la troisième génération s'est déroulée avec succès, les entreprises alimentaires du groupe sont aujourd'hui réunies sous la même direction opérationnelle, Notre Projet est désormais incorporé dans les structures managériales de la société, le cap symbolique des trois quarts de siècle est franchi... On pourrait croire que cette réussite est le fruit d'une volonté forcenée de prouver par le succès la justesse des vues managériales que, à la suite de son père, J.-Robert Ouimet a expérimentées patiemment durant plus de quarante ans et exposées scientifiquement dans sa thèse de doctorat. Bref, que ces résultats ont été conquis de haute lutte, au prix de nombreux combats et beaucoup de souffrances, et que J.-Robert Ouimet y est légitimement attaché. Étrangement, il n'en est rien et J.-Robert Ouimet se dit aujourd'hui plus que jamais entièrement disponible aux signes de la providence divine. En témoigne cette réponse qu'il a faite un jour à la fin d'une conférence donnée au Vatican à un groupe d'universitaires et de dirigeants d'entreprise à une question qui lui était posée sur ce qui risquait d'arriver au projet de l'entreprise après sa mort :

« J'ai répondu simplement ceci, à quoi je crois profondément : "Si Notre Projet est mon projet, il disparaîtra avec moi et ce sera très bien ainsi. Si Notre Projet est celui de Dieu, alors il continuera, j'en suis absolument certain. Mais cette continuation ne se fera pas nécessairement dans notre entreprise. Et permettez-moi d'ajouter : cela m'est complètement indifférent !" »

Est-ce vraiment là de l'indifférence ? En réalité, au-delà du côté volontairement provocateur de la réponse qui est bien dans la manière du personnage, cela révèle quelque chose de beaucoup plus profond et en même temps de beaucoup plus simple. J.-Robert Ouimet a atteint ce qui est l'aspiration profonde de toute personne humaine : la paix intérieure. Une paix qui n'est pas œuvre humaine mais rayonnement de la présence intérieure de Dieu dans la personne, qui s'empare d'elle comme à partir de son centre le plus profond. C'est ce qui lui permet à la fois de se battre avec une belle énergie pour ce qu'il croit vrai et juste et de ne pas ramener pour autant tout ce qu'il est à ce combat. C'est ainsi qu'il a été capable d'essuyer les revers les plus douloureux qui, s'ils l'ont affecté, ne l'ont cependant pas entièrement bouleversé.

« Aujourd'hui je me sens plus fragile que jamais comme humain face à l'amour, face à la capacité d'aimer. Mais je vis maintenant tout en prière, c'est-à-dire en intimité avec le Christ et je sens qu'Il est content de cela. Je le sens physiquement présent dans ma vie, de façon constante. Et c'est pourquoi, depuis quelques années, je connais une profonde et constante paix intérieure qui ne me quitte pas, même au cœur des tempêtes de la vie. Suis-je attaché à cette paix intérieure constante ? La réponse est non. Est-ce que j'apprécie profondément cette paix intérieure constante ? La réponse est oui. Et avec beaucoup de sagesse, Mgr Gazaille attire régulièrement mon attention sur le fait que cette paix peut, dans les heures qui suivent, disparaître car elle est un don gratuit et total de la part de Dieu Père, Fils et Esprit. Je n'ai jamais demandé au Seigneur Dieu que cette paix continue. Cependant, ce que je fais, au moins vingt fois chaque jour, c'est de lui dire merci... et merci... et merci... Mais, je le répète, je ne lui demande jamais que cela continue. »

La fondation À Dieu va !

Aujourd'hui qu'il a transmis les entreprises alimentaires, J.-Robert Ouimet va consacrer ses forces d'une part à gérer des fonds monétaires importants et d'autre part au développement d'une fondation qu'il a créé et dont il n'a pas voulu qu'elle porte son nom, comme c'est pourtant l'usage courant, mais un nom étrange autant que lumineux quand on connaît ses lointaines origines malouines et bretonnes : À Dieu va !

« Le premier ancêtre de notre famille, Jean Houymet, originaire de Champagne, est parti de Saint-Malo pour Québec où il est arrivé en 1634, trois siècles avant ma naissance. À Dieu va !, c'est la traduction en français de l'expression bretonne *Doue d'ho miro* – qui était ce que disaient les parents bretons à leurs enfants lorsqu'ils les voyaient s'embarquer pour un voyage incertain de trois mois sur de tout petits navires dans des conditions des plus précaires. Cette devise est inscrite sur la bague que portait mon père et que je porte à mon tour. Et c'est ce qui m'a donné l'idée du nom de la fondation. Cela m'a semblé bien cohérent avec la devise de l'entreprise donnée par Mère Teresa : Prier pour gérer avec Dieu, et même constituer le prolongement de cette devise de l'entreprise. Et puis quand nous avons choisi ce nom, j'ai senti que le Père, le Fils et l'Esprit d'Amour étaient contents qu'un pauvre humain ait choisi librement de ne pas se cacher et d'appeler sa fondation À Dieu va ! Et tant pis pour ceux que cela gênera ! »

Les trois objets prioritaires de cette fondation sont d'aider à faire connaître Notre Projet à l'extérieur de l'entreprise, d'aider au financement de pèlerinages de petits groupes de prêtres et de pasteurs en Terre sainte, et uniquement en Terre sainte et enfin d'aider à la réalisation de vidéos religieuses catholiques diffusées par les médias électroniques exclusivement. On perçoit clairement la marque de J.-Robert Ouimet dans la définition de cette hiérarchie d'objectifs : la promotion et le développement de ce à quoi son père et lui-même ont consacré toute leur vie de chefs d'entreprise ; la possibilité offerte à d'autres de découvrir en Terre sainte, dans ce lieu du « Cinquième Évangile » et source de la foi chrétienne, ce que lui-même y a découvert au cours de ses seize voyages et qui a orienté de manière décisive toute sa vie d'homme ; et enfin la diffusion de la foi catholique à travers les médias les plus en pointe actuellement. Et on reconnaît là le sens de l'anticipation et de l'innovation, la vision de l'avenir, propres aux chefs d'entreprise.

« Au cours des premières années, le financement de la fondation À Dieu va ! sera fait par notre famille et par notre groupe d'entreprises. Bien sûr, les appels de fonds qui seront effectués plus tard à l'extérieur de notre entreprise seront très difficiles à réaliser, particulièrement à cause du nom que porte cette fondation et aussi à cause de ses objectifs. Mais si les Trois sont intéressés dans leur fondation, des nouveaux capitaux arriveront en temps opportun. J'ai longuement discuté de ce sujet avec mon fils, J.-René. Je crois important de préciser que je n'ai pas voulu que ces discussions comportent la moindre obligation légale et juridique. Cependant, ces discussions avec mon fils contiennent une importante responsabilité morale et spirituelle. Entre maintenant et notre centième anniversaire de fondation en 2033, notre fils a la totale liberté de ne rien verser à la fondation ou d'y verser tous les fonds qu'il jugera possibles et sages. Ces fonds, bien sûr, seront rendus plus disponibles durant les périodes où nos entreprises alimentaires seront solides au plan économique. Et il ne doit pas faire de don avant qu'adviennent ces périodes de solidité. Nous avons également échangé beaucoup ensemble sur le fait que la fondation, n'est pas la mienne, n'est pas la sienne, n'est pas celle de notre famille. La fondation est celle de Dieu Père, Fils et Esprit. Et c'est pourquoi je suis convaincu que la fondation À Dieu va ! recevra ce dont elle aura besoin pour atteindre progressivement ses trois objectifs fondamentaux. C'est leur affaire, aux Trois ! D'ailleurs, en toute humilité, je sens qu'Ils sont très contents avec cela. »

Au terme de la course

J.-Robert Ouimet sait qu'il se rapproche du terme de la course de sa vie terrestre. Avec joie et conviction sereine, il ne craint de pas dire : « Il peut venir me chercher quand il veut. Je suis prêt… ». En même temps il sait que, jusqu'au bout de ses forces, il ne cessera pas d'agir : « Je suis convaincu que tant que je ne serai pas malade ou incapable au plan psychique, je n'ai aucune crainte de n'avoir rien à faire ! » Mais maintenant qu'il est libéré des soucis du management opérationnel des entreprises alimentaires, il ne forme que trois souhaits essentiels. Celui d'abord de pouvoir enfin passer plus de temps avec celle qui a partagé l'aventure de sa vie et à qui il a conscience d'avoir trop souvent volé le temps et l'attention qui lui étaient dus. Également celui d'être de plus en plus présent à ses quatre enfants, ses quatre petits-enfants et à ceux qui viendront dans l'avenir. Celui aussi de continuer à témoigner de l'amour inconditionnel de Dieu pour toute personne humaine.

« À mes enfants et petits-enfants, aux personnels de nos entreprises, aux étudiants et professeurs que je rencontre dans mes visites de campus universitaires et de différentes organisations de par le monde, je voudrais seulement pouvoir continuer à leur dire que Dieu, père, Fils et Esprit d'Amour, les aime de manière absolue et qu'Il se contrefiche de leurs sottises. Des leurs comme des miennes. Le pardon c'est sa spécialité et – quelle merveille ! –, le Seigneur, n'a pas de mémoire quand en toute liberté et humilité nous lui disons que nous voulons nous reprendre pour essayer encore de l'aimer moins mal. Leur dire aussi que la dignité de la personne humaine, de chaque personne humaine, quelle qu'elle soit, est le bien le plus précieux. Je voudrais aussi continuer à leur dire que Dieu se trouve dans le silence de la prière et que les deux plus grands cadeaux qu'Il nous fait sont les deux sacrements-clef de Jésus-Christ : l'eucharistie et la réconciliation. Mais je sais que tout cela dépend très peu de moi et j'en suis heureux. Cela laisse l'option à la Trinité de décider de me laisser encore un peu actif ici-bas ou de me rappeler si c'est le temps. Le terme de ma course c'est d'arriver à la porte où se tient Jésus, de le voir face à face, pour lui dire la seule chose que je veux lui dire : Merci ! C'est juste des mercis que j'ai à lui dire, rien d'autre. Alors aujourd'hui, je ne sais que dire aux Trois : "Rappelle-moi Seigneur, quand tu veux. J'ai confiance en toi." Et Il sait que je dis vrai. »

Conclusion

À Dieu va !

À Dieu va ! Avant d'être le nom d'une fondation, c'est la devise de la famille Ouimet. Une devise qui remonte aux lointains ancêtres bretons qui ont quitté la France pour le Nouveau Monde avec peu d'espoir de retour. Une devise qui est le gage d'une volonté totale d'abandon dans les mains de la providence. Un abandon qui n'est pas une formule de style. Quand au XVIe siècle, on s'embarquait pour le Nouveau Monde on faisait un pari radical, mais un pari dans la confiance.

C'est un pari du même genre qu'a osé de nos jours J.-Robert Ouimet : le pari radical et dans la confiance d'être un chef d'entreprise pleinement chrétien. Ou du moins qui tend à l'être car il a trop conscience de ne l'être jamais qu'imparfaitement. Mais pas une moitié de chrétien, pas un chrétien de compromis, pas un chrétien « mondain », pas un chrétien passe-partout, pas un chrétien camouflé, se méfiant des excès, tout en demi-teintes, en prudences et en précautions de toutes sortes, au risque de perdre toute saveur... Pas non plus une moitié de chef d'entreprise, comme si le fait d'être chrétien devait conduire nécessairement à n'être qu'un manager de seconde zone, comme si l'affirmation de convictions religieuses et de foi ne pouvait se faire qu'au détriment des performances économiques et de la réussite professionnelle. Pas non plus un chef d'entreprise chrétien divisé : chef d'entreprise la semaine, chrétien le dimanche... Cette manière de schizophrénie, de dédoublement de la personnalité, qui atteint tant d'intellectuels et de responsables politiques et économiques n'est pas dans le caractère de notre homme ! Mais tout simplement et pleinement l'un et l'autre : chef d'entreprise et chrétien. Qu'on ne s'y trompe pas, ce n'est pas si facile... Oser chaque jour exposer ses actes de management aux exigences de sa foi chrétienne en sachant que l'on sera impitoyablement jugé sur cette cohérence demande un courage hors du commun. Pour tout dire, cela confine à l'héroïsme surtout aujourd'hui dans le contexte de concurrence impitoyable de notre économie mondialisée. On comprend dès lors que beaucoup de chefs d'entreprise préfèrent demeurer discrets sur leurs convictions. C'est de loin plus confortable...

Comme chef d'entreprise, J.-Robert Ouimet est convaincu de la pertinence de l'économie de marché et de l'avantage indéniable pour les personnes qu'il constitue par rapport aux schémas de l'économie collectiviste et dirigiste. Il ne se prive pas de le dire et de l'affirmer avec toute la force de conviction qui est la sienne. Mais il appelle à la vigilance car, livré aux appétits égoïstes, ce système est actuellement plus que jamais en danger.

« Je suis d'avis que le système d'économie de marché est de loin le meilleur système économique. C'est celui qui crée le plus de richesse, autant en qualité, en quantité, qu'en durée dans le temps. Ce système appelle à l'initiative et à la créativité individuelle et collective. Il rémunère mieux les personnes qui contribuent le plus aux résultats de l'entreprise, ce qui est équitable s'il n'y a pas d'exagération. Évidemment nous savons tous qu'il y a de nombreuses et graves exagérations et dans certains cas des injustices et d'importantes fraudes qui deviennent de plus en plus publiques. Mais il faut souligner que ce système d'économie de marché fonctionne beaucoup mieux qu'au XIXᵉ siècle, époque des critiques de Marx. Beaucoup a été fait, surtout depuis la fin de la seconde guerre mondiale, pour améliorer la justice et l'équité du fonctionnement de ce système : chartes des droits et libertés de la personne, lois sociales et du travail, sécurité sociale, conventions collectives etc. Mais aujourd'hui l'économie de marché est en danger car elle est livrée à l'échelle planétaire à des ambitions financières sans scrupules. Je suis certain que Notre Projet est en mesure de donner au système de l'économie de marché un nouvel élan vers la croissance du bien être et de la dignité humaine, de la justice et de l'équité envers les personnes en milieu de travail tout en maintenant les forces compétitives de ce système. Si cela n'est pas fait, il se produira bientôt, quelque part sur notre planète, une révolution de l'ampleur de celle qui débuté à la fin du XIXᵉ siècle. Le communisme a en apparence disparu de la plupart des pays. Cependant les inégalités grandissantes entre pays et les disparités entre la richesse des hauts dirigeants d'entreprises et le reste de la population font que tout cela devient dangereusement explosif ! N'y a-t-il pas dans les entreprises, en ce début de troisième millénaire, de plus en plus de personnes épuisées, qui ne trouvent aucun sens à leur travail ni même souvent à leur vie. Je suis persuadé que Notre Projet est susceptible de donner un nouveau souffle à l'économie de marché et de prouver du même coup la pertinence des principes universels de la doctrine sociale catholique. Mais il faut pouvoir compter dans chaque entreprise et organisation sur quelques dirigeants et actionnaires influents, intéressés par le spirituel, courageux, généreux et possédant un profond sens de l'humain. »

165

Cette conviction du chef d'entreprise n'est pas étrangère à sa foi de chrétien. Comme chrétien, J.-Robert Ouimet se veut le témoin de ce que, sans ce qu'il appelle « la clef de voûte de Notre Projet », il est quasiment impossible de résister à la tentation du « tout économique » qui est la voie de la facilité. Même si cela demeure terriblement exigeant, c'est uniquement dans le ressourcement constant auprès de Dieu Amour – ou à tout le moins auprès d'une transcendance qui dépasse l'humanité en même temps qu'elle lui permet de s'accomplir – qu'il est possible de persévérer dans la voie du service de la dignité de la personne humaine et que l'on peut trouver la force d'œuvrer chaque jour de telle sorte que s'accroisse tout à la fois le bien-être au travail des personnes et la rentabilité concurrentielle de l'entreprise. De cela, J.-Robert Ouimet s'est appliqué à témoigner inlassablement sa vie durant.

« Une personne me disait il n'y a pas longtemps : "Toi, tu témoignes beaucoup ! Est-ce que tu as toujours fait ça et à l'extrême comme tu le fais dans le moment ?" J'ai simplement dit : "Oui. J'ai toujours fait ça et comme ça !" C'est pour cela que j'ai probablement blessé beaucoup de gens avec des choses que j'ai dites trop fortement, ou pas avec les bons mots. Mais j'ai toujours été à fond dans le témoignage. Je ne sais pas faire autrement. À un moment dans l'Évangile, le Christ dit à ses disciples à peu près ceci : "Si vous ne témoignez pas publiquement pour moi en affirmant ce que vous devez affirmer de moi et ce que vous croyez de moi, alors quand vous aurez besoin de moi, particulièrement au jour du Jugement dernier, je ne témoignerai pas pour vous autres." Pour ma part, je trouve cela très correct ! Ce passage de l'Évangile, je le relisais au bord de la mer de Galilée lors de mon dernier voyage en Terre sainte et je disais au Seigneur : "Entre nous, en toute amitié et humilité, es-tu content des témoignages que, de peine et de misère, j'apporte sur toi et avec toi, sur ce que tu es, sur ton

témoignage de vie, sur tes paroles contenues en particulier dans les Évangiles, même si souvent je n'utilise pas
les bons mots, le bon ton et si, parfois, je parle trop ?" Et
je sentais qu'Il me répondait : "Oui, je suis content !"
Une fois de plus, je suis sans doute tombé sur la tête ! Je
me disais aussi que s'Il me demandait : "Depuis ta naissance, y a-t-il eu une seule fois où tu n'es pas allé au bout
dans ton témoignage pour moi ?" Je crois qu'en toute
franchise je ne pourrais me souvenir d'une seule fois où
j'aurais dû aller plus loin et témoigner plus fort de Lui !
C'est certainement arrivé, mais je n'en ai pas souvenir.
En revanche, je sais que j'y suis souvent allé trop fort ou
trop vite et cela a fait des dégâts. Mais le Seigneur a
toujours rattrapé les choses après… »

Témoigner n'est pas sans risques ni sans conséquences. J.-Robert Ouimet le sait. Il en a fait l'expérience,
souvent. En grec, « témoin » se dit « martyr »… Être
témoin, martyr, n'exige pas forcément que l'on aille
jusqu'à verser son sang, mais toujours que l'on donne
sa vie.

En la Fête-Dieu,
solennité du corps et du sang du Christ,
22 mai 2008

Repères biographiques

1634 : Arrivée à Québec de Jean Houymet, originaire de Champagne. Épouse Renée Gagnon le dimanche 3 octobre 1660.

1929 : Mariage des parents de J.-Robert Ouimet, J.-René Ouimet et Thérèse Drouin.

1933 : Fondation par son père de J.-René Ouimet Limitée.

1934 : Naissance à Montréal et baptême de J.-Robert Ouimet, trois cents ans après l'arrivée à Québec de son ancêtre Jean Houymet.

1943-1948 : Sacrement du pardon, première communion, confirmation. Trois changements d'école en cinq ans.

1950 : Le frère Dieumegarde, clerc de Saint-Viateur, le convainc qu'il est capable de réussir de belles études.

1953 : Rencontre de son premier père spirituel, Dom Vidal, père hôtelier à l'abbaye bénédictine de Saint-Benoît-du-Lac au Québec. Célébration du vingtième anniversaire de la fondation de J.-René Ouimet Limitée.

1956 : Diplômé de HEC Montréal, section économie.

1958 : À Noël, premier voyage en Terre sainte durant ses études à Fribourg.

1959 : Obtient sa licence en sciences économiques et sociales avec la mention *Magna cum laude* à l'université de Fribourg (Suisse). Début de ses études de MBA à l'université de Columbia (New York).

1961 : Obtient son MBA à l'université de Columbia.

1962 : Rencontre sa future épouse, Myriam Maes, à un congrès de l'Uniapac à Santiago du Chili.

1965 : Transmission de l'entreprise par son père J.-René. Mars : devient seul actionnaire. Juillet : mariage avec Myriam (ils auront quatre enfants : Johanne, Marie-Diane, J.-René II et J.-Robert II). Fin du voyage de noces en Terre sainte.

1975 : Dixième anniversaire de son mariage avec Myriam. Prend en main les Déjeuners de la prière du grand Montréal et leur donne une orientation et une expansion profondément différentes. Entre 1975 et 2005, environ 22 000 dirigeants et gestionnaires d'entreprises et de différentes organisations participeront à ces rencontres.

1981 : À la suggestion de Myriam, rencontre le père Marc Roy, prédicateur réputé, qui devient son deuxième père spirituel

1983 : Première rencontre avec Mère Teresa à Calcutta. Promesse de la participation quotidienne à l'eucharistie. Célébration du cinquantième anniversaire de l'entreprise.

1985 : Deuxième voyage à Calcutta.

1986 : Mère Teresa accepte d'apporter son témoignage personnel à l'hôtel Reine-Elizabeth, à Montréal, devant 2 200 chefs de file et gestionnaires de différentes entreprises et organisations.

1987 : eucharistie et rencontre en privé avec Mère Teresa à New York. Expérience du service d'un repas à des gens de la rue dans une soupe populaire du Bronx avec Mère Teresa et trois vice-présidents de ses entreprises.

1988 : Janvier : cessation définitive de l'alcool. Avril : quintuple pontage coronarien. Septembre : début de sa thèse de doctorat. Octobre : visite de Mère Teresa à la nouvelle usine de transformation de produits alimentaires à Ville d'Anjou, banlieue de Montréal. Célébration du cinquante-cinquième anniversaire des entreprises Ouimet.

1990 : Troisième voyage à Calcutta.

1991 : eucharistie et rencontre en privé avec Mère Teresa à Washington.

1992 : Deuxième visite de Mère Teresa à l'entreprise. Identification de la maison acquise « à l'ombre du pont Jacques-Cartier » pour accueillir les quatre premières Missionnaires de la Charité à Montréal.

1994 : Décoré chevalier de l'Ordre national du Québec (ONQ). Quatrième voyage à Calcutta.

1995 : Célébration du trentième anniversaire de mariage avec Myriam. Renouvellement de leurs promesses de mariage.

1997 : Soutient sa thèse de doctorat à l'université de Fribourg et obtient la mention *Magna cum laude* pour la défense de sa thèse. Décès de Mère Teresa.

1998 : Décès de son deuxième père spirituel, le père Marc Roy. Le père Jacques Leclerc, fondateur en Amérique du Nord des Fraternités Charles de Foucauld, choisi par le père Marc Roy, devient son troisième père spirituel.

1999 : Est fait chevalier de l'Ordre du Canada. Seizième pèlerinage en Terre sainte.

2005 : Célébration du quarantième anniversaire de mariage avec Myriam. Renouvellement de leurs promesses de mariage.

2007 : Transmission des entreprises de transformation alimentaire à la troisième génération. À l'occasion du centenaire de la fondation d'HEC Montréal, la majorité des étudiants en MBA élisent J.-Robert Ouimet en qualité de Mentor du Siècle. Le père Jacques Leclerc, quelques mois avant son décès, suggère que Mgr André Gazaille devienne son quatrième père spirituel, lequel accepte. Cinquième voyage à Calcutta et prière sur la tombe de Mère Teresa.

2008 : Début des célébrations du soixante-quinzième anniversaire de l'entreprise. Sixième voyage à Calcutta et prière sur la tombe de Mère Teresa. Soixante-cinq ans de réception mensuelle du sacrement de réconciliation et du sacrement de l'eucharistie hebdo-madaire. Vingt-cinq ans de respect de la promesse faite à Dieu en 1983 à Calcutta après avoir rencon-tré Mère Teresa de la participation quotidienne à l'eucharistie. Cinquante-cinq années consécutives de rencontres régulières avec son père spirituel. Vingt ans de fidélité à la cessation de l'alcool.

« *Prière de son entreprise* »

J.-Robert Ouimet a composé cette *Prière de son entreprise* en 1995 après sa dernière rencontre à Calcutta avec Mère Teresa. La nuit qui a suivi son départ, alors qu'il était encore à l'hôtel de l'aéroport de New Delhi en partance pour le Canada, il a été pris d'une inspiration, s'est levé, a pris sa plume et a écrit d'un seul jet cette prière qu'il a postée dès le lendemain à Mère Teresa pour la soumettre à son discernement. Six mois plus tard, il recevait la prière dactylographiée à partir de son manuscrit et une image du Sacré Cœur avec un mot de Mère Teresa lui disant qu'elle n'y avait changé que quelques détails mineurs, qu'elle trouvait cette prière fort belle et qu'elle était sûre qu'elle serait source de nombreuses bénédictions pour tous ceux qui la réciteraient[1].

« Dieu notre Père, Créateur de l'Univers et de chaque être humain œuvrant dans notre entreprise, dans ton

_____

1. Quelques légers changements à cette prière ont été apportés par J.-Robert Ouimet à l'occasion du début des célébrations du soixante-quinzième anniversaire de fondation des entreprises Ouimet.

entreprise, aide-nous à répandre ta parole là où nous allons, tant au travail, qui est notre gagne-pain quotidien, que dans nos relations d'affaires avec nos clients et nos fournisseurs qui sont, comme nous, tes fils et tes filles.

« Dieu notre Père, remplis notre âme de ton esprit et de ta vie, afin qu'avec Toi, notre labeur et notre sueur se transforment en prière, inondant d'amour les produits et services que nous préparons pour nos consommateurs qui sont, comme nous, tes fils et tes filles.

« Dieu notre Père, pénètre et possède notre être tout entier, afin que notre vie de travail devienne le rayonnement de ta propre vie. Brille à travers nous, pour qu'au retour du travail, ceux qui partagent nos vies, maris ou femmes, enfants ou compagnons de vie, sentent ta présence en nos cœurs, par l'amour et l'affection que nous vouons à nos familles, tes familles.

« Très cher Père, vis avec nous dans notre environnement de travail, aime avec nous, sue avec nous, travaille avec nous, afin d'améliorer notre performance et notre productivité compétitive et, par conséquent, nos produits et services, nos procédés et nos stratégies, nous permettant ainsi de contribuer à la sécurité et à la qualité de vie de tous les humains de notre pays et de la terre entière, qui sont, comme nous, tes fils et tes filles.

« Très cher Père, partage notre vie de labeur pour que nous puissions commencer et continuer à t'aimer, Père, et à nous aimer les uns les autres tout en poursuivant en même temps la bataille compétitive que nous devons livrer tous les jours pour gagner la vie de nos familles et solidifier leur sécurité. Laisse-nous chanter tes louanges, de la façon que tu préfères, en répandant ton Amour autour de nous, chaque jour.

« Laisse-nous enseigner ta parole, non pas par des mots, mais par notre exemple de tous les jours au travail, par l'influence compatissante de nos actions et par la plénitude de l'amour que nos cœurs fragiles te portent.

« Et pour ceux d'entre nous qui croient en Toi, comme en ton fils Jésus et en l'Esprit saint, nous vous demandons, à Vous Trois, de nous accompagner au fil de notre travail quotidien.

« Merci, Seigneur Père, Fils et Esprit d'avoir accepté de nous accompagner continuellement depuis soixante-quinze ans. Merci, Seigneur Père, Fils et Esprit de nous permettre de vous inviter tous les Trois à nous accompagner pour les prochains soixante-quinze ans. Merci. »

Partage fraternel

À la fin de Notre Projet, on trouve un texte très personnel de J. Robert Ouimet rédigé en 1988, l'une des plus importantes années de sa vie, qui est adressé directement au lecteur[1]. Il résume finalement tout ce à quoi il s'est consacré avec le Seigneur durant toute sa vie de chef d'entreprise chrétien.

« Permettez-moi un partage qui se veut intime et fraternel, à la suite de cette longue aventure, très belle et très difficile, que j'ai vécue, et que je continuerai à vivre si Dieu le veut, avec chacun et chacune d'entre vous, en certains cas depuis vingt, quarante et même cinquante ans. Je ferai ce partage en supposant que j'ai le privilège de prendre, seul avec chacune et chacun d'entre vous, une longue marche au bord d'un lac, un après-midi de fin de septembre.

J'aurais pu abandonner plusieurs fois depuis 1960, cet essai de vivre dans l'entreprise l'objectif de la double croissance durable du bonheur de chacune et chacun de vous accompagnée de la croissance également durable et

---

1. A l'occasion du soixante-quinzième anniversaire de la fondation du groupe d'entreprises Ouimet, J.-Robert Ouimet a apporté à ce « partage fraternel » de légers amendements.

nécessaire de la profitabilité concurrentielle… J'ai été très souvent profondément découragé, comme vous, j'en suis sûr… Nos raisons étaient probablement très différentes, mais le résultat était le même… J'aurais pu gérer et faire gérer l'entreprise que mon père a fondée comme le font la majorité des chefs d'entreprise… Ce qui aurait été fort facile, croyez-moi… Comme se satisfaire par exemple d'une équité et d'une justice minimales et négociées vigoureusement et périodiquement… Être juste et correct… et si possible pas tellement plus… tout juste pour éviter des poursuites légales… être un bon citoyen "honnête"… suivre la loi… faire le minimum requis pour maintenir la motivation et la paix sociale dans l'entreprise afin d'atteindre les profits concurrentiels nécessaires… Et peut-être que si j'avais fait ce choix de gérer et de faire gérer comme tout le monde, choix beaucoup plus facile et beaucoup moins exigeant, cela aurait été certainement beaucoup moins lourd pour moi, et peut-être également pour vous-même…

Mais, comme fils unique du fondateur, j'ai pu avoir la possibilité, sans jamais l'avoir véritablement mérité, d'acheter l'entreprise… je me suis toujours demandé : "Pourquoi ai-je eu, moi plus qu'un autre, ce privilège considérable ?…." Je n'avais donc pas le choix… La parabole des Talents existe et je ne le sais que trop… De plus, il m'a été prêté une foi de charbonnier… Je sais que j'ai reçu un tas de choses que je n'ai jamais méritées… Je trouve donc qu'il est absolument normal que le Seigneur attende de moi énormément en retour, sans cela le Seigneur serait totalement injuste… Et c'est ici que je deviens très personnel… Je veux vous dire de tout mon cœur que si je n'ai pas abandonné, si nous avons continué ensemble à tenter et à réussir à accroître le bonheur et le bien-être de chaque personne dans l'entreprise, avec des hauts et des bas à travers les nombreuses tempêtes économiques qui nous ont obligés à redresser la profitabilité, comme les anciens le savent, ce n'est pas seulement parce que je suis courageux, ce qui est pourtant le cas, mais parce que j'ai la foi du charbonnier… Cette foi m'a toujours poussé à faire tout ce qui était possible pour accroître votre bonheur, votre bien-être, en faisant de très nombreuses erreurs de parcours, en vous demandant pardon, en m'excusant, en essayant de faire mieux... Et surtout en demandant fréquemment pardon au Seigneur Jésus-Christ pour mes erreurs involontaires et volontaires... et ce que j'ai découvert de merveilleux c'est qu'Il pardonne toujours lorsqu'Il sait que l'on veut vraiment essayer de s'améliorer et d'aimer plus et mieux... Et comme je sentais qu'Il me pardonnait toujours, j'ai découvert qu'il fallait faire deux choses : demander pardon aux personnes auxquelles j'ai fait de la peine ; et pardonner aux personnes qui m'en avaient fait pour quelque raison que ce soit...

Mais je ne suis pas encore arrivé au plus important... je veux vous assurer et vous dire de tout mon cœur que si Notre Projet a maintenant atteint sa vitesse de croisière, comme les enquêtes des dernières années l'ont révélé, c'est que, souvent, lorsque j'étais découragé, grâce à la foi du charbonnier, je me suis retourné vers le Seigneur Jésus-Christ, vers son Père, et je les ai suppliés tous les deux de nous accompagner dans leur entreprise par leur Esprit, et ainsi mes pauvres limites n'avaient plus d'importance... J'ai prié "terriblement beaucoup" !... Et nous sommes passés, tous ensemble, à travers les difficultés et les tempêtes, aussi bien économiques que dans notre climat organisationnel... Dans cette réussite de Notre Projet, sachez que j'y suis moi-même pour très très peu... sauf d'être humblement disponible à travers l'exercice de ma liberté, de tenter avec vous de vivre Notre Projet et de ne pas tout abandonner lorsque c'était dur pour ensuite faire comme tout le monde... Sachez que Lui y est pour tout dans cette réussite de Notre Projet... Et je Le félicite souvent !... Sachez que le Seigneur, le Christ, sait très bien que je ne lui ai jamais demandé que Notre Projet soit un succès... jamais je ne lui ai demandé... je lui ai toujours dit que S'Il était content avec ce projet et avec la continuation de son application, lui, le Seigneur, n'avait qu'à nous accompagner... et croyez-moi, Il l'a fait !...

Et c'est la principale raison pour laquelle nous sommes aujourd'hui bien plantés comme groupe d'entreprises dans le coin nord-est de la grande Amérique du Nord, dans ce marché de libre concurrence féroce mais bonne pour le consommateur à long terme...

Je sais que j'ai été jugé par plusieurs d'entre vous de façon sévère au cours des années... Vous aviez raison... Il était normal que vous vous demandiez : "Où est-il en train de nous amener ?...." Souvent je ne le savais pas moi-même... Je vous le répète, vous aviez raison, et la prière quotidienne m'a aidé à découvrir et comprendre pourquoi vous aviez des craintes et des interrogations légitimes... Vous vous demandiez si j'essayais de convertir tout le monde, ce qui n'a jamais été le cas. Certains craignaient que nous soyons prosélytes. Votre crainte était compréhensible... Mais après dix, vingt ou trente ans vos craintes ont disparu... D'ailleurs, je n'ai jamais été capable, même si j'ai beaucoup essayé, de me convertir moi-même ; c'est le Seigneur qui l'a fait, alors je n'ai pas le droit d'essayer de convertir les autres... Mais vous aviez raison de vous poser toutes ces questions, lesquelles craintes, interrogations et questions sont décrites en détail dans ma thèse de doctorat... Et au cours des années nous avons tous suffisamment souffert ensemble pour que le niveau de confiance bilatérale et multilatérale augmente... Ce qui permet d'ailleurs notre agréable marche au bord du lac aujourd'hui !...

« C'est l'épreuve qui fait la preuve », me disait toujours mon deuxième directeur spirituel, le père Marc Roy, que certains d'entre vous ont bien connu. C'est pour cela que nous avons eu les enquêtes sur le climat organisationnel et sur le bonheur humain, c'est pour cela que nous avons ajouté les enquêtes complémentaires sur les outils de gestion non économiques et sur les valeurs apportées en milieu de travail par chacun de ces outils de gestion... Elles ont été faites et continueront à être faites pour vous permettre d'exprimer vos souffrances, vos préoccupations, vos tensions, clairement et de façon honnête... Vous avez pu le faire... Vous avez remarqué que personne n'a été mis à la porte, ou encore « subtilement mis au pas » pour avoir pu dire ou écrire, grâce aux enquêtes, toutes sortes de choses parfois très dures et souvent très vraies... Et certains de ces aspects et de ces réalités, lesquels ont été résumés par écrit à la suite des enquêtes, n'étaient pas faciles à lire ni à accepter, et par les gestionnaires et aussi par l'actionnaire... Très souvent ces choses à améliorer, ces erreurs faites par moi et par d'autres étaient vraies... J'avais et nous avions le pouvoir de refuser de les accepter et de nous améliorer, et nous n'étions pas obligés d'admettre que nous nous étions trompés... Ce n'est pas le choix que nous avons fait... Nous avons dans la mesure humaine du possible rigoureusement réagi pour corriger et améliorer ce qui était légitimement demandé... Et c'est comme cela que l'on s'aime et que l'on apprend à s'aimer... C'est en se pardonnant... En s'écoutant les uns les autres... En se réconciliant... En admettant que l'on se trompe, et privément et publiquement... Et alors l'orgueil "ratatine"... Et l'humilité s'accroît... Et lorsque l'humilité s'accroît, nous sommes de plus en plus capables d'aimer l'autre personne à côté de nous, en commençant par notre conjoint, notre époux ou notre épouse, puis nos enfants, puis les personnes avec lesquelles nous avons le privilège de travailler, et ainsi de suite...

Permettez-moi de remercier chacun et chacune de vous qui au cours des années m'avez pardonné les erreurs que j'ai faites et les peines que je vous ai causées très souvent sans le faire exprès... Votre pardon très souvent silencieux, mais je le sentais dans votre regard, m'a fait tellement de bien... Continuons à faire tout ce que nous pouvons, tous ensemble, pour nous aimer les uns les autres et nous entraider un peu plus cette année que l'année dernière... Continuons à bûcher, à suer, à nous améliorer dans nos responsabilités individuelles et collectives, afin de continuer à faire de Son entreprise une entreprise profitable concurrentiellement, puisque nous savons ce qui arriverait si tel n'était pas le cas pendant quelques années consécutives...

Sur une note très personnelle et pour que vous sachiez que je suis faible et vulnérable, et qu'il me reste encore une dose considérable d'orgueil et d'égoïsme, je me dois de faire ce partage fort intime avec vous... Vous devez savoir que si Notre Projet n'a pas été abandonné à plusieurs reprises depuis quarante ans, c'est à cause de l'eucharistie quotidienne et c'est à cause de la foi de charbonnier qui n'a jamais été méritée, qui m'a été "prêtée", et qui est acceptée avec joie, croyez-moi... C'est à cause de cette conviction inébranlable d'être, comme chaque être humain l'est, tellement aimé par Dieu, cette conviction profonde que Dieu est Amour et, puisqu'Il est Amour, Il est pardon et miséricorde... Et cet Amour de Dieu et Son pardon continuel, offerts à chacune et chacun de nous me rassurent et m'indiquent que j'aurai une toute petite chance à la fin de ma vie de "passer au cash", puisqu'il est plus difficile à un riche d'entrer au Paradis qu'à un chameau de passer dans le trou d'une aiguille... Et c'est parfaitement juste qu'il en soit ainsi...

Puissions-nous, toutes et tous ensemble, chaque personne à son rythme et selon sa conscience et sa culture personnelle et privée, découvrir lentement au cours des années à venir, que sans certaines formes de silence intérieur dans la vie de chaque personne pendant son travail, sans certaines formes d'échange et de partage entre les personnes au travail, grâce aux outils de gestion non économiques, lesquels offrent certaines valeurs d'humanisation et de spiritualisation que chaque personne reçoit et choisit librement... et pour certaines autres personnes sans certaines formes de prière intérieure et intense pendant leur travail, toujours prière silencieuse, puis-je vous assurer, sans aucune possibilité de me tromper, que sans l'apport de ces valeurs qui précèdent, il sera absolument et éternellement impossible de continuer à vivre Notre Projet pendant un autre trois quarts de siècle avec Lui...

Si vous ne me croyez pas, ce qui serait fort normal, essayez-le, et vous verrez, nous abandonnerons, vous abandonnerez Notre Projet... C'est trop dur, c'est trop exigeant... Se battre contre l'orgueil et l'égoïsme individuel et collectif est le plus dur défi qu'un être humain ou un groupe de personnes puissent rencontrer dans leur existence au travail en particulier... Cependant, si vous choisissez de chercher, d'être à l'écoute, de vous ouvrir à l'autre personne à côté de vous... particulièrement si vous participez plus souvent aux témoignages, aux moments de silence au début et à la fin des réunions, à des efforts de réconciliation entre nous, à de brèves et discrètes visites dans nos salles de silence, à un Geste et très particulièrement aux deux ou trois rencontres entre chaque personne mise à pied et son supérieur immédiat..., vous découvrirez qu'il n'y a pas que vous qui souffrez, et que d'autres souffrent bien plus... Si vous participez à d'autres activités de Notre Projet, comme les repas communautaires, la rencontre bi-latérale annuelle, le repas à quatre et plusieurs autres, vous découvrirez que toutes ces activités en milieu de travail pendant le temps rémunéré enrichissent et réchauffent *notre cœur plus que notre tête*... Si vous regardez un peu plus les nuages, le soleil couchant et le ciel... Si vous écoutez un peu plus le chant des oiseaux, le bruit du vent... Vous découvrirez, nous découvrirons ensemble que, comme Mère Teresa nous l'a dit à Anjou en 1988 : "Le silence mène à la prière – la prière mène à la foi – la foi mène à l'amour – l'amour mène au don de soi – le don de soi mène à la paix – la paix mène au silence..."

Je rends hommage avec vous aux personnes nombreuses qui nous ont précédées depuis 1933, et qui, par leur courage et leur persévérance, par leurs fortes et belles valeurs humaines, morales, spirituelles et religieuses, ont rendu possible la continuation de l'entreprise que, nous aujourd'hui, transmettons à ceux et celles, dont la troisième génération de notre famille, qui travailleront après nous dans son entreprise... Car la vie au travail vaut la peine d'être vécue dans la solidarité et la fraternité, en accordant de plus en plus d'importance à la dignité humaine sacrée de chaque personne que l'on côtoie, ce qui nous ouvre à l'écoute de l'autre, et nous dispose lentement à découvrir certaines valeurs de foi et d'espérance, au rythme de chacun... Ce qui nous ouvre aussi à la transcendance de l'Amour, chaque personne le percevant au rythme de son cœur... Oui nous savons qu'il est maintenant possible dans l'entreprise en concurrence avec d'autres, d'accroître de façon durable le bonheur et le bien-être de chaque personne au travail, et simultanément de solidifier de façon durable la profitabilité concurrentielle de l'entreprise, de Son entreprise... Encore merci d'avoir accepté de prendre cette belle marche au bord du lac choisi par vous, au cœur des érables rouges et dorés... de cette brise chaude et automnale que je sens présager des grands froids qui suivront... Merci pour l'occasion de ce partage intime... Oui, je vous aime, même si mon amour a toujours été et sera toujours imparfait... Merci de m'aimer si vous le voulez bien. Merci, si vous le désirez, d'aimer Celui qui est Le Seul à aimer parfaitement !... »

Oui, AGIR et TRAVAILLER comme si tout dépendait de soi-même... mais aussi... Prier...
Oui, PRIER comme si tout dépendait de Dieu... mais aussi... Agir et travailler...
Oui, à la suggestion de Mère Teresa... PRIER pour être capable de GÉRER AVEC DIEU... »

Conférences

J.-Robert Ouimet a donné des conférences et visité entre autres les Universités et Business Schools suivantes :

Aux États-Unis : John Carroll (Cleveland) ; Notre Dame University (South Bend) ; University of Loyola Marymount (Californie) ; Fordham University (New York) ; Columbia University of New York ; Ohio State University (Columbus) ; Georgetown University (Washington) ; Boston College (Boston) ; Babson Business School (Boston).

En Europe, au Moyen-Orient et en Asie : Université de Nyenrode (Hollande) ; Université d'Amsterdam (Hollande) ; Université de Louvain la Neuve (Belgique) ; Universidad de Deusto (Bilbao, Espagne) ; IESE Business School (Barcelone, Espagne) ; London Business School (Angleterre) ; University of Westminster (Londres, Angleterre) ; University of London Metropolitan (London, England) ; Institut Philanthropos (Fribourg, Suisse) ; INSEAD (Fontainebleau, France) ; Université St Joseph (Beyrouth) ; Indian Institute of Management (Mumbay et Calcutta) ; Ahmedahad Management Institute School of Business (Ahmedahad, Inde).

Au Québec et au Canada : HEC - Montréal, Université de Montréal, Université de Sherbrooke, Northen Alberta Institute of Technology, Université de Sherbrooke à Montréal, Université Laval (Ville de Québec), Université d'Ottawa, Sobey's School of Business of Saint Mary's University, Halifax, Ivey Business School, University of Western Ontario, McGill University of Montreal.

Également dans de nombreuses associations, institutions, entreprises à travers le monde, parmi lesquelles : Benedictine's Monastery of Douai (Londres) ; Conseil pontifical Justice et Paix (Rome) ; Center for Faith and Culture (Yale University, États-Unis) ; ADIC - Uniapac (Belgique) ; Slovakia Business Leaders Association (Slovaquie) ; La Opala RD Ltd (Calcutta, Inde) ; Woodstock Center de Georgetown University (Washington, USA) ; Punjab Chemicals Corp, Mumbaï, India ; SDAgchem (Europe) NV, Mumbaï, Excel Industries Ltd., Mumbaï, India ; KHS Machinery Pvt. Ltd., Ahmedabad, India ; United Network Pvt. Ltd. Ahmedabad, India ; Transpek-Silox Industry Ltd., Baroda, India ; Reliance Industries Ltd., (la plus grosse entreprise industrielle de l'Inde) Varadora, India ; National Insurance Co. Ltd., Kolkata, India ; National Board of Education, Mumbaï, India.

Table

Composé par Nord Compo Multimédia
7, rue de Fives, 59650 Villeneuve-d'Ascq

Achevé d'imprimer au Canada
sur les presses de Imprimerie Lebonfon Inc.